MONA

„Jeder will sie haben"

Uta Ditsche

„*Jeder will sie haben*"

FRIEDERIKE VON MECKLENBURG-STRELITZ
(1778–1841)

Verlag Friedrich Pustet
Regensburg

Bibliografische Information der Deutschen Bibliothek
Die Deutsche Bibliothek verzeichnet diese Publikation in der
Deutschen Nationalbibliografie; die detaillierten bibliografischen
Angaben sind im Internet über http://dnb.ddb.de abrufbar.

ISBN 3-7917-1909-2
© 2004 by Verlag Friedrich Pustet. Regensburg
Gesamtherstellung: Friedrich Pustet, Regensburg
Printed in Germany 2004

Inhalt

6

Friederike?

EINE SPURENSUCHE

*F*riederike, Prinzessin zu Mecklenburg-Strelitz, durch ihre erste Heirat preußische Prinzessin, war eine Schönheit, die schönste Prinzessin Europas, wie Zeitgenossen behaupteten. Ihr Leben war voller Abenteuer, voller Höhen und Tiefen. Ruhe fand sie erst nach vielen Jahrzehnten, als sie an der Seite ihres (dritten) englischen Gemahls Ernst August Königin von Hannover wurde. In ihrem Schicksal spiegelt sich eine Zeitspanne bewegter europäischer Geschichte wider. Dennoch ist wenig über sie bekannt. In Hannover gibt es den verkehrsumtosten Friederikenplatz. Doch kaum jemand weiß, nach wem er benannt ist, wer Friederike war. Und nur wenige Hannoveraner erinnern sich, dass hier bis nach dem Zweiten Weltkrieg das Friederikenschlösschen stand.

Bei Nachforschungen stößt man schnell an Grenzen. Selbst in umfangreichen Nachschlagewerken wird Friederike kaum genannt, einschlägige Geschichtswerke erwähnen sie allenfalls am Rande, als Gemahlin Ernst Augusts von Hannover oder als jüngere Schwester der preußischen Königin Luise.

Über Friederikes äußere Erscheinung, zumindest in jungen Jahren, ist mehr zu erfahren. Kunstliebhabern ist wahrscheinlich die Marmorgruppe „Prinzessinnen" des Bildhauers Gottfried Schadow, entstanden im Jahre 1795, bekannt, lebensgroß in der Berliner Nationalgalerie zu sehen. Sie zeigt die Prinzessinnen Luise und Friederike, eng aneinander geschmiegt, im Alter von achtzehn und sechzehn Jahren. Friederike, die Kleinere der beiden, neigt ihren Kopf leicht zur Seite, ihr Gesicht wirkt lieblicher als das Luises, obwohl die Ähnlichkeit zwischen beiden unverkennbar ist. Der zugespitzte Mund verleiht den Gesichtszügen etwas Kokettes.

Über Luise, Königin von Preußen, gibt es eine Fülle vielseitiger Darstellungen. Im Mittelpunkt dieses Buches steht ihre jüngere Schwester Friederike Karoline, Prinzessin von Mecklenburg-Strelitz, geboren am 2. März 1778 in Hannover. Sie war nach heutigen Maßstäben ein Star, ein Idol, da sie alles bot, was Interesse und Neugier des zeitgenössischen Publikums weckte: Schönheit, Affären, Eskapaden und Extravaganzen. Zu einer Person der Zeitgeschichte wurde sie erst am Ende ihres Lebens als Königin von Hannover.

Ihr Schicksal, ihre Hoffnungen, Sehnsüchte und Ängste erschließen sich nach und nach aus einer Vielzahl von Briefen, vornehmlich an ihre Familie in Neustrelitz gerichtet. Sie geben einen anschaulichen Einblick in das Leben hinter der glanzvollen Fassade höfischen Lebens.

„Frische Fische, gute Fische"

Ein König beschreibt seine Schwiegertöchter

Warten auf die Prinzessinnen

Am 21. Dezember des Jahres 1793 herrschte in den Straßen und Gassen der preußischen Garnisonsstadt Potsdam trotz winterlicher Kälte ein ungewöhnliches Gedränge. Die erwartungsvolle Unruhe, die die meisten Bewohner erfasst hatte, richtete sich auf die Ankunft der mecklenburgischen Prinzessinnen Luise und Friederike, den beiden jüngsten Töchtern des Erbprinzen Karl von Mecklenburg-Strelitz, die am Weihnachtsfest mit den beiden ältesten Söhnen des preußischen Königs Friedrich Wilhelm II. vermählt werden sollten.

Der Kronprinz, Friedrich Wilhelm, galt als das genaue Gegenteil seines Vaters, des „dicken Liederjans", wie er von seinen Untertanen nicht unfreundlich genannt wurde. Der Sohn war groß und schlank, korrekt gekleidet, meistens in Uniform, aber schwierig im Umgang. Er war aufrichtig und zuverlässig, wirkte im Gegensatz zu seinem weltgewandten Vater aber linkisch und gehemmt. Über seinen drei Jahre jüngeren Bruder Ludwig, genannt Louis, war wenig bekannt. Man munkelte, dass er, obwohl gerade zwanzig Jahre alt, seit längerer Zeit eine Mätresse habe, wahrscheinlich eine verheiratete Dame der Gesellschaft. Zumindest in dieser Beziehung schien er seinem Vater ähnlicher zu sein als sein Bruder. Den beiden Prinzessinnen eilte der Ruf großer Schönheit und Liebenswürdigkeit voraus. Der zukünftige Schwiegervater, Friedrich Wilhelm II., eben jener Liederjan, war bereits beim ersten Anblick entzückt von den „zwei Engeln". An seiner Kennerschaft zweifelte niemand.

11

Die siebzehnjährige Prinzessin Luise von Mecklenburg-Strelitz und ihre fünfzehnjährige Schwester Friederike waren am 13. Dezember 1793 in Darmstadt aufgebrochen, begleitet von ihrer Großmutter, der Landgräfin Luise von Hessen-Darmstadt, einer geborenen Prinzessin von Leiningen-Heidesheim, ihrem verwitweten Vater, dem Erbprinzen Karl und den beiden jüngeren Brüdern Georg und Carl. Eingefädelt hatte diese doppelte Verbindung zwischen Preußen und Mecklenburg-Strelitz ein Bruder der verstorbenen Mutter Friederike von Hessen-Darmstadt. Der preußische König und der Vater der beiden jungen Bräute hatten sich schnell über die wesentlichen Bedingungen geeinigt. Beide Seiten versprachen sich von dieser Doppelhochzeit Vorteile.

Erbprinz Karl, gut aussehend, leichtlebig und charmant, war aufgrund der Ehe- und Kinderlosigkeit seines Bruders, Adolf Friedrich IV., Anwärter auf den Herzogstitel von Mecklenburg-Strelitz. Die Hofhaltung, insbesondere die rege Bautätigkeit des regierenden Herzogs, sowie Karls Reiselust und seine Unfähigkeit mit Geld umzugehen, überforderten die finanziellen Möglichkeiten des kleinen Herzogtums bei weitem. Die beiden älteren Töchter, Charlotte und Therese, hatte Karl trotz einiger Vorbehalte gegenüber seinen Schwiegersöhnen noch relativ problemlos verheiraten können. Charlotte, die Älteste, hoch musikalisch und zeichnerisch talentiert, hatte 1785 mit sechzehn Jahren den Erbprinzen Friedrich von Sachsen-Hildburghausen geheiratet. Eine standesgemäße Ehe, allerdings war die finanzielle Ausstattung des Herzogtums äußerst karg. Therese, die nächstfolgende Schwester, war hübsch, von schneller Auffassungsgabe und stets auf Wirkung bedacht. Sie wurde von den übrigen Schwestern in gewisser Weise als „Autorität" angesehen. „Wie zieht sich Therese an? So wie wir? Besser oder schlechter? Mit oder ohne Halstücher?", erkundigte sich Luise noch Jahre später bei ihrem Bruder Georg, als er von einem verwandtschaftlichen Besuch zurückgekehrt war. Therese heiratete, gerade sechzehnjährig, den Erbprinzen Karl Alexander von Thurn und Taxis. Die Thurn und Taxis, 1695 in den erblichen Reichsfürstenstand erhoben, Inhaber des „Postmonopols", waren vermögend, aber einem regierenden Hause wie Mecklenburg-Strelitz nicht „ebenbürtig". Ebenbürtigkeit spielte damals eine große Rolle und bedeutete die durch Gleichheit des Geburtsstandes bewirkte rechtliche Gleichstellung der Partner. Im Privatfürstenrecht galt dieses Prinzip bis in das 20. Jahrhundert hinein. Erst mit dem Gleichheitsgrundsatz der Weimarer Verfassung von 1919 wurde auch dieses Sonderrecht aufgehoben. Karl von Mecklenburg-Strelitz hatte deshalb zunächst gezögert, seine Einwilligung zu dieser nicht ganz standesgemäßen Ehe zu geben. Doch Therese schien es gut getroffen zu haben. Der prunkvolle Hof zu Regensburg bot ihr ein Leben voller Glanz. Sie blieb die einzige der vier Schwestern, die zeitlebens keine Geldsorgen kannte.

Kopfzerbrechen bereiteten Karl nun die Kosten für Aussteuer, Mitgift und Hochzeitsfeierlichkeiten für seine beiden jüngsten Töchter. Die preußischen Interessen kamen ihm deshalb sehr gelegen. König Friederich Wilhelm II. versprach sich von einer Doppelhochzeit in Berlin großes Aufsehen, wachsendes Ansehen der Hauptstadt Preußens und Stärkung der eigenen Beliebtheit bei der Bevölkerung. Berlin war erst seit knapp 100 Jahren, seit sich Kurfürst Friedrich III. in Königsberg zum König gekrönt hatte, eine königliche Residenz. Es musste seinen Platz neben den traditionsreichen Metropolen wie Wien, Prag oder Paris erst behaupten. Eine Prinzenhochzeit, und gleich eine doppelte, bot hierzu eine willkommene Gelegenheit. Prunkvolle Aufzüge waren seit jeher bei der Bevölkerung sehr beliebt. Der preußische König übernahm deshalb gern die Kosten der Festgestaltung. Mitgift und Aussteuer sollten sich lediglich auf Kleidung, Schmuck und Wäsche beschränken. Beide Seiten waren mit dieser Regelung zufrieden. Die unmittelbar Betroffenen hatte niemand gefragt. Er sei überglücklich, hatte Friedrich Wilhelm II. der Großmutter der beiden Bräute einen Monat vor der Hochzeit am 19. November 1793 mitgeteilt, dass beide Häuser nun so eng verbunden seien und dass er voller Ungeduld die unmittelbar bevorstehende Ankunft der Darmstädter Gäste erwarte.

Die Ankunft scheint sich dann doch etwas verzögert zu haben, aber am späten Nachmittag des 21. Dezember holperte die neue grüne Kutsche mit dem leuchtendroten Untergestell in gleichförmigem Rhythmus über das Pflaster der Brandenburger Vorstadt. Die Großzügigkeit des königlichen Schwiegervaters hatte die Anschaffung dieses standesgemäßen Reisegefährts ermöglicht. Jubel brandete auf, als die Kutsche das Brandenburger Tor in Potsdam passierte. Der vierzehnjährige Georg wunderte sich, dass seine Schwestern angesichts dieser Begeisterung so ruhig blieben. Diese ungewohnte Vernunft überraschte ihn. Der Grund für diese „Vernunft" war für Friederike wohl eher in wachsender Unsicherheit und Beklemmung zu suchen. Noch nach Jahren erwähnte sie in ihren Briefen, wie unglücklich sie sich damals gefühlt habe.

Kindheit und Jugend in Darmstadt

Luise und Friederike waren nach dem frühen Tod ihrer Mutter in der südlich heiteren Atmosphäre der Darmstädter Residenz ihrer Großmutter aufgewachsen. Der Vater hatte zwar noch einmal geheiratet, die jüngere Schwester ihrer Mutter, Charlotte, aber auch diese Ehe endete 1785 mit dem frühen Tod der Stiefmutter. Der neugeborene jüngste Bruder Carl hatte seine Mutter gar nicht kennen gelernt, sie war unmittelbar nach seiner Geburt gestorben. Prinzessin Georg, wie die Großmutter nach ihrem verstorbenen Mann, dem Landgrafen Georg Wilhelm von Hessen-Darmstadt, genannt wurde, war eine lebenslustige, couragierte Frau, die den Mädchen eine sorglose Kindheit ermöglichte. Sie hatte selber acht Kinder, darunter vier Töchter, großgezogen und verstand es, mit heranwachsenden jungen Mädchen umzugehen. Die Brüder Georg und Carl waren im väterlichen Haushalt verblieben. Luise und Friederike, bis zu ihrer Verheiratung im Mai 1789 auch Therese, wuchsen im „Alten Palais" in Darmstadt auf. In einem Park, mit altem Baumbestand gelegen, bot es den Kindern Gelegenheit zu ausgelassenen Spielen jenseits allen höfischen Zwangs. Im Sommer fuhr man häufig in den etwas entfernteren „Schwanengarten", der auch zum Besitz der Großmutter gehörte und der stimmungsvolle Plätze für Picknicks bot. Bildung hielt Prinzessin Georg zwar nicht für überflüssig, aber für Mädchen auch nicht für so besonders wichtig. Um den drei Enkelinnen das Notwendigste beizubringen, hatte man eine französischsprachige Schweizerin, Fräulein Salomé von Gélieu, engagiert. Sie vermittelte ihren Schülerinnen in erster Linie Kenntnisse der französischen Sprache, einige Grundlagen in Geographie und Geschichte und führte sie so weit in die Literatur ein, dass sie bei Unterhaltungen nicht als ungebildet auffielen. In der Familie sprach man Deutsch, wohl mit leicht hessischer Klangfärbung und nicht das sonst übliche Französisch. Einige undatierte Kinderbriefe Friederikes sind erhalten geblieben. In krakeliger Kinderschrift heißt es dort lautmalerisch, dass sie ihren Bruder Georg, den Adressaten des Briefes, am liebsten „uffresse" möchte und dass das „ganse" Haus den Ange (Engel) Georg grüße. Madame Gélieu fügte diesem Brief noch einige Zeilen hinzu und versicherte dem Bruder, dass die jungen Damen, seine Schwestern, eifrig und konzentriert lernten und sie sehr zufrieden mit deren Leistungen sei.

Prinzessin Georg, sie war inzwischen immerhin vierundsechzig Jahre alt, wertete es als besonderen Glücksfall, dass es ihr gelungen war, ihren Enkelinnen Luise und Friederike so gute Heiratspartien verschafft zu haben.

Doppelhochzeit in Berlin

Das Gedränge und Geschiebe in den Potsdamer Straßen wurde immer dichter, je mehr sich die Kutsche dem Potsdamer Stadtschloss näherte. Jeder versuchte, einen Blick in das Wageninnere zu erhaschen. Wie sahen die Prinzessinnen, von deren Anmut und Liebreiz man schon so viel gehört hatte, aus? Vor allem, welche war die Schönere?

Vor dem Portal des Schlosses warteten unterdessen die beiden Prinzen Friedrich Wilhelm und Ludwig auf die Ankunft ihrer zukünftigen Ehefrauen. Es ging inzwischen auf sechs Uhr abends zu, es war fast dunkel und die ersten Schneeflocken fielen. Dem dreiundzwanzigjährigen Friedrich Wil-

15

helm war im Gegensatz zu seinem Bruder die freudige Erregung anzusehen. Punkt sechs Uhr traf die Darmstädter Reisekutsche ein. Unterschiedlicher kann man sich eine Begrüßung kaum vorstellen: Luise närrisch vor Wiedersehensfreude, Friedrich Wilhelm überglücklich beim Anblick seiner Braut. Friederikes erwartungsvolle Blicke trafen hingegen auf die betont gleichgültige Miene Ludwigs. Und sie hatte so viel Hoffnung in diese Verbindung gelegt. Der Prinz hatte ihr vom ersten Augenblick an gefallen, vor allem sein gutes Aussehen und sein freundliches Herz, wie sie noch kurz vor ihrer Verlobung im März 1793 an ihren Vater schrieb und übermütig hinzufügte: „Zweifeln Sie nun, bester Vater, dass ich glücklich werden kann?" Doch seit ihrer offiziellen Verlobung im April ahnte sie bereits, dass Ludwig lediglich einer Anordnung seines Vaters folgte und weder Interesse an ihr noch an der Gründung eines eigenen Hausstandes hatte. Briefe, die er ihr während der Verlobungszeit stets nur auf Bitten und Drängen seines Bruders schrieb, hatte sie, eigentlich wider besseren Wissens, als Hoffnungsschimmer angesehen, als zarte Andeutung eines Sinneswandels. Vergeblich, wie sich jetzt herausstellte.

Man begab sich zum Souper. Den Prinzessinnen wurde der Hofstaat vorgestellt. In einem Brief an Luise vom 17. Dezember 1793 hatte Friedrich Wilhelm schon eine kleine Vorschau auf den dazugehörenden engeren Personenkreis gegeben. Da war zunächst die vierundsechzigjährige Gräfin Voß, zuverlässig und pflichtbewusst, dann die erste Hofdame Henriette von Viereck, weder jung noch hübsch, doch schlicht und nicht anmaßend, sowie der unermüdliche Hofmarschall von Massow und der vom König selbst ausgewählte junge Kammerherr von Schilden. Ein guter Erwerb, wie Friedrich Wilhelm meinte. Der Brief enthält des Weiteren eine Auflistung aller Bälle und Empfänge zu Ehren der Prinzessinnen. Dem in Französisch abgefassten Brief fügte der Kronprinz auf Deutsch hinzu: „O, über diese Lappalien!" Er empfiehlt den beiden jungen Damen dann noch, beim Souper mit dem König „en Anglais" zu erscheinen, das heißt mit kurzen Ärmeln. Der Hofstaat der zukünftigen Prinzessin Ludwig setzte sich aus der Oberhofmeisterin Gräfin Karl von Brühl und den beiden noch sehr jungen Hofdamen Ulrike von Knobelsdorff und Karoline von Zeuner zusammen. Luise von Radziwill, eine Cousine des Königs, hielt jedoch „alle drei für außerstande, eine noch nicht sechzehnjährige Prinzessin zu leiten."

Die Hochzeit des Kronprinzenpaares im Weißen Saal des Berliner Schlosses war ein prunkvolles Ereignis. Am meisten rührte die Gäste jedoch die spürbare, herzliche Zuneigung des Brautpaares. Die siebzehnjährige Braut trug ein Kleid nach neuem Pariser Schnitt, weich den Körper umspielend, mit großzügigem Dekolleté. Die mittelblonden Locken fielen auf die Schultern, das Diamantdiadem hatte die Form einer Krone.

Die Königin Friederike Luise, im Reifrock mit aufgetürmter gepuderter Perücke, sah mit steifer Miene dem Ablauf der Zeremonie zu. Trotz verwandtschaftlicher Beziehungen, Friederike Luise aus dem Hause Hessen-Darmstadt war eine Cousine der verstorbenen Mutter, teilte sie die Vorliebe ihres Gatten für die beiden Schwiegertöchter nicht. Zu tief saß wohl der Groll gegen ihren untreuen Ehemann. „Frische Fische, gute Fische", hatte Friedrich Wilhelm II. mit erfahrenem Blick nach dem ersten Zusammentreffen mit den beiden Mecklenburgerinnen geurteilt. Das mochte für die dynastischen Erwartungen zutreffen, aber als Repräsentantinnen Preußens hatte sich die Königin etwas anderes vorgestellt. Mehr noch als Luise missfiel ihr deren Schwester Friederike. „Wir werden erhebliche Schwierigkeiten mit dieser koketten Person bekommen", seufzte sie, aber davon wollte zu diesem Zeitpunkt niemand etwas hören.

Der „koketten Person" war entgegen allem äußeren Anschein eher kläglich zumute. Friederike, fünfzehn Jahre alt, von zierlicher, schmiegsamer Gestalt, etwas kleiner als ihre Schwester, mit herzförmigem Gesicht, weichen kastanienbraunen Locken und runden Schultern, zog alle Blicke auf sich. Unempfänglich für diesen Liebreiz blieb lediglich der Mann, dessen Frau sie in zwei Tagen werden sollte. Friederike erschien die Zukunft düster. Die Schwester bekam, wie es schien, einen fürsorglichen, liebevollen Ehemann. Und selbst wenn Luise das bei Hofe nicht unübliche Schicksal abgeschobener Ehefrauen erleiden sollte, immerhin würde sie eines Tages Königin von Preußen werden. Aber welcher Trost blieb ihr, der jüngeren Schwester? Noch Jahrzehnte später erinnerte sie sich an diese Zeit. „Heute ist es achtundzwanzig Jahre her, dass ich als junge fünfzehnjährige Braut zum Altar geführt wurde", schrieb sie am 26. Dezember 1821 an ihren Bruder Georg. „Gott weiß, mit welch schrecklichen Gefühlen! Wie so ernst macht mich der Rückblick auf diese verflossene Zeit!"

Welchen Eindruck die junge Prinzessin damals auf ihre Umgebung machte, zeigt eine kleine Begebenheit am Rande. Bei den vielen Huldigungen, die Abordnungen der verschiedenen Stände den beiden Bräuten entgegenbrachten, wurde Friederike in Versform gefeiert:

„In dem Blumenparadiese
Friedrich Wilhelm strahlst auch Du,
Dich verpflanzet heut' Luise
in ihr Herzens-Monbijou."

Und weiter hieß es:

„Dich sehen, – ach noch mehr! Dich nunmehr unser
    nennen!
Prinzessin! Welch ein himmlisch Glück!
Dein neues Vaterland wird gern mit uns bekennen,
Du kömmst von göttlichem Geschick!"

Friederike und Ludwig heirateten zwei Tage nach dem Kronprinzenpaar, am 26. Dezember 1793. Wieder war der weiße Saal des Stadtschlosses festlich geschmückt, wieder fand kurz vor Mitternacht der traditionelle Fackeltanz statt, und wieder gab es das gewohnte Festmahl. Aus den handgeschriebenen Listen des Hofmarschalls von Maltzan, betitelt: „Zum Beilager Seiner Königlichen Hoheit des Kronprinzen, an welchem von Goldenem Service gespeist wird", weiß man, was serviert wurde: Frische gebratene Austern, Filets vom Zander, Pastete von Gänseleber mit Sauce rouge, gebratene Fasane mit Trüffelsauce … Danach reichte man zwölf Süßspeisen, wie Gelee von Himbeeren, Romanische Kuchen, Pommes en robe de chambre und vieles mehr.

All diese Feierlichkeiten standen der Hochzeit des Kronprinzenpaares in nichts nach, und dennoch war die Atmosphäre eine ganz andere. Fast jeder spürte etwas von der Beklommenheit der fünfzehnjährigen Braut und viele registrierten mit Unbehagen die deutlich zur Schau gestellte Gleichgültigkeit des jungen Bräutigams.

Zunächst bezog das frisch getraute Paar das kleine, später so genannte Prinzessinnenpalais „Unter den Linden". Dieses grenzte unmittelbar an das wesentlich größere Palais des Kronprinzen an, und Friederike fand Trost durch die ständige Nähe der Schwester. Ludwig verschwand in der Regel nach Erfüllung seiner ehelichen Pflichten und kehrte erst nach einiger Zeit grußlos zurück.

In Berlin begann gleich zu Anfang des neuen Jahres die Karnevalssaison. Man ging auf Maskenbälle, nahm an Abendgesellschaften teil, besuchte Theateraufführungen und Laiendarstellungen. Besonders beliebt waren zu jener Zeit die so genannten „lebenden Bilder", in denen Mitglieder der Gesellschaft im privaten Rahmen Szenen aus Romanen wie Goethes Werther oder Figuren aus der griechischen Mythologie nachstellten. Berlin schien außer Rand und Band zu sein. Ein Bild, das Friederike zeitlebens vor Augen stand und ihre Beziehung zu dieser Stadt nachhaltig prägte. Lebensgenuss stand im Vordergrund. Die preußische Hauptstadt war frivol zu dieser Zeit. Es war als sei mit dem Tode Friedrichs II., des „alten Fritz", eine Last von der Bevölkerung genommen. Friedrich Wilhelm II. war, anders als sein Vorgänger und Onkel, beliebt in allen Schichten der Bevölkerung. Er galt als gütig und wohlwollend. Über seine zahlreichen Mätressen sah man augenzwinkernd hinweg. Die Hauptstadt Berlin wurde unter seiner Herrschaft ausgebaut, Wissenschaft und Künste wurden gefördert. So schloss der König zum Beispiel im Jahre 1787, ein Jahr nach seiner Thronbesteigung, das kaum noch besuchte französische Komödienhaus am Gendarmenmarkt und erhob es mit den Worten: „Wir sind Teutsche und wollen es bleiben", zum Nationaltheater. 1795 wurde hier zum ersten Mal Glucks

„Iphigenie auf Tauris" mit deutschen Sängern und in deutscher Sprache aufgeführt. 1796 wurde der weithin bekannte und gefeierte Schauspieler und Dramaturg Iffland zum Direktor des königlichen Nationaltheaters ernannt. Berlin begann, sich einen Rang unter den europäischen Hauptstädten zu erobern.

„*Ein noch ganz unreifer Mensch*"

EINE UNGLÜCKLICHE EHE
UND EIN STÜRMISCHER VEREHRER

Lieblose Flitterwochen

$\mathcal{F}$riederike, Prinzessin Ludwig von Preußen, wie sie jetzt offiziell genannt wurde, war nicht glücklich in ihrer Ehe. Ludwig lebte sein Junggesellenleben weiter und stand dieser ihm aufgezwungenen Ehe ablehnend gegenüber. Rückhalt und Verständnis fand die junge Ehefrau lediglich bei ihrer Schwester Luise. Beide, inzwischen achtzehn und sechzehn Jahre alt, erwarteten im Herbst die Geburt ihres ersten Kindes. Luise fühlte sich in das Leben am preußischen Hof mehr und mehr eingebunden, sie hatte einen festen Punkt in ihrem Leben gefunden.

Den Frühsommer des Jahres 1794 verbrachten die Schwestern in Sanssouci, dem Potsdamer Lieblingssitz Friedrich des Großen. Ihre Ehemänner sicherten indessen mit großem Militäraufgebot die preußischen Besitzansprüche in Posen. Während zwischen Luise und Friedrich Wilhelm ein reger, sehr liebevoller Briefwechsel bestand, wartete Friederike vergeblich auf ein Zeichen der Zuneigung von Ludwig. „Friederike lässt dir durch mich zärtliche Empfehlungen sagen", schreibt Luise im Mai an ihren Mann, „und bittet dich dringend, mit deinem Bruder öfter über sie zu sprechen, damit sich sein Geist immer öfter mit ihr beschäftigt, damit er sie mehr lieben möge." Aus diesem Brief geht weiter hervor, dass sich Friederike in einer sehr dunklen Stimmungslage befand. Sie selbst beschrieb ihre seelische Verfassung so: „Ich bin öfter so inniglich und innerlich betrübt, so schwermütig." Ludwig hatte sie wissen lassen, dass er nach wie vor eine andere liebe, „eine gewisse Person", mehr ist darüber nicht zu erfahren. Ob und wie Friedrich Wilhelm seinen Auftrag ausgeführt hat, ist unklar. Ein Antwortschreiben von Ludwig existiert nicht.

Friederike fand nach Enttäuschung und anfänglicher Verzagtheit erst allmählich ihre Lebenslust wieder. Nein, sie wollte nicht als sittsame, aber abgelehnte Ehefrau ihr Leben auf einem abgelegenen Landsitz verbringen, sondern hier in Berlin, und sie wollte im Mittelpunkt der Gesellschaft stehen. Die Voraussetzungen hierfür waren ihr gegeben: Sie war charmant, voller Unruhe, immer auf Kontakt mit Menschen aus – vornehmlich mit Männern, wie böse Zungen am Hofe behaupteten. Tatsächlich wusste sie sich ausgezeichnet zur Geltung zu bringen und es bereitete ihr durchaus Vergnügen, die Männer zu reizen. Seit dem Frühjahr 1794 war einer ihrer stürmischsten Verehrer wieder in Berlin, Prinz Louis Ferdinand, ein Neffe des Königs und Vetter der königlichen Prinzen. Sie war ihm während ihrer Verlobungszeit bei einem Besuch im Feldlager bei Bodenheim flüchtig begegnet. Seither hatte sie ihn nicht wiedergesehen, aber seit ihrer kühlen Hochzeit umso sehnlicher herbeigewünscht. Prinz Louis Ferdinand, zweiundzwanzig Jahre, Generalleutnant, war lebhaft, intelligent, hochmusikalisch, übermütig und außerordentlich empfänglich für weibliche Reize.

Die unglückliche Ehe des zweiten preußischen Prinzenpaares war inzwischen Hof- und Garnisonsgespräch und man machte im Allgemeinen Friederike dafür verantwortlich. Vor allem ihre Schwiegermutter, die die meiste Zeit verbittert und allein im Berliner Schloss Monbijou oder auf ihrem Landsitz in Freienwalde, etwa 35 Kilometer von Berlin entfernt, verbrachte, stellte sich an die Spitze der Kritik und des Tratsches. In ihren Augen war Friederike ein bunter Schmetterling, unstet, übermäßig kokett und von unausgeglichenem Charakter, nur an Abenteuern, nicht aber an Pflichten interessiert. Die Briefe, die von Friederike während der Jahre 1794 und 1795 an die Familie nach Neustrelitz gehen, belegen diese Beurteilung nur zum Teil. Sie zeigen zwar eine überaus lebenslustige, zum Übermut neigende junge Frau, aber sie zeigen auch eine bangende Ehefrau, die sich nie über ihren Mann beklagt und froh über jede Geste der Zuneigung ist. Sie sei glücklich, teilt sie ihrem Bruder mit, denn „mein Mann ist heute herrlichen Humors, was seit fünf Tagen das erste Mal ist."

Eine Affäre

Am 30. Oktober 1794 wird der erste Sohn, Friedrich Ludwig, genannt Fritz Louis, geboren. Das Verhältnis der Ehegatten zueinander ändert sich dadurch nicht. Friederike ist sechzehn Jahre alt, Ehefrau, Mutter, neben ihrer Schwester Luise Repräsentantin des preußischen Hofes und die „schönste Prinzessin Europas", wie ein französischer Diplomat nach Hause berichtet. Es mangelt nicht an sehnsüchtigen Verehrern. „Jeder will sie haben", notiert die Hofdame Voß in ihr Tagebuch. Friederike will jedoch nur einen haben: Louis Ferdinand. Dieser führt in Berlin das Leben eines weltläufigen Kavaliers – eines Wüstlings, sagt der Hofklatsch. Er ist hochverschuldet, hat neben zahlreichen Liebschaften eine Mätresse, die verheiratete Vicomtesse de Contades, und ist unsterblich in Friederike verliebt. Er „lohte auf die Prinzessin", wie einer seiner späteren Biografen, Ernst Poseck, es beschreibt. Fast jeden Tag findet sich Louis Ferdinand bei Friederike zu einer Art „musikalischem Tee" ein, fest entschlossen, das, was sich in Bodenheim durch Blicke angebahnt hatte, zum Erfolg zu führen.

Im Dezember begann in Berlin wieder die Ballsaison und damit kam Abwechslung in das höfische Leben. Man orientierte sich an den Leitbildern der tonangebenden Metropolen. Nach dem Sturz der „Schreckensherrschaft" Robespierres in Frankreich wurde die Mode wieder unangefochten von Paris bestimmt. Korsett und Unterröcke fielen weg. Die modebewusste Dame trug 1794 nur ein seidenes Trikot und darüber eine durchsichtige Chemise, ein hemdartiges Kleid, Rock und Oberteil waren aus einem Stück. In Frankreich war sogar eine Art Wettstreit über das modisch zulässige Gewicht der Kleidung ausgebrochen. Im Idealfalle durfte die gesamte Kleidung einer Dame, inklusive Schuhen und Schmuck, 800 Gramm nicht überschreiten. Schadows „Prinzessinnengruppe" (s. Abb. S. 100) belegt, dass sich Luise und Friederike an die Pariser Vorgaben hielten.

Ein neuer Gesellschaftstanz, der sich vor allem bei der Jugend Bahn brach, kam aus Wien, der Walzer. Am 24. Dezember fand aus Anlass des ersten Hochzeitstages des Kronprinzenpaares im Berliner Schloss ein Hofball statt. Luise und Friederike, ganz nach der neuen Mode gekleidet, waren die Ersten, die es wagten, öffentlich Walzer zu tanzen. Der König war entzückt, die Königin wandte die Augen ab. Sie verbot ihren Töchtern, sich durch diesen „engen Schleifer" zu kompromittieren. Friederike war die begehrteste Tänzerin. Ihre Bewegungen, geschmeidig und anmutig, hatten etwas Aufreizendes, nicht nur, aber besonders für Louis Ferdinand.

Die beiden Schwestern liebten es, bei gesellschaftlichen Anlässen aufzufallen. „Ich war mit Luise überein angezogen, eine weiße Chemise und die besetzt mit rotem Samtband, die Ärmel ebenfalls so besetzt und einen weiß atlassenen Hut mit zwei Federn ...", heißt es in einem Brief an Bruder Georg. Immer wieder ist in den Briefen die Rede von Festen und ausgelassenen Vergnügungen, man verkleidet sich zum Ergötzen aller und immer wieder wird „ein bisschen gewalzt".

Die Unsittlichkeit des Walzertanzens wurde inzwischen öffentlich diskutiert und als deutliches Zeichen zunehmenden Moralverfalls interpretiert. Der Kammersekretär des Herzogs von Braunschweig-Lüneburg, Wilhelm Chaßot von Florencourt, notiert in seinen „Sittlichen Schilderungen" von 1801: „Wenn der Tänzer seine Tänzerin eng umschlungen hält, wenn er mit ihr Knie an Knie, Brust an Brust eine Gruppe bildet, worin man auf einem Gemälde das wollüstige Umarmen zweier Liebender erkennt, ist es dann nicht von einem auch tugendhaften Manne zu viel gefordert, dass er bei solchen Lockerungen unempfindlich bleiben solle? ... Wird sich das Mädchen im Taumel der schnellen Bewegung, von Tanz, Musik, Schmeichelei und Sinnlichkeit berauscht ... dagegen sichern können, dass sie nicht e i n e n Grad weniger schuldlos, weniger feinfühlend, weniger unverdorben aus den sie umschließenden Armen zurückkehre?"

Prinz Ludwig nahm das immer öffentlicher werdende Verhältnis zwischen seiner Frau und seinem Vetter Louis Ferdinand mit der gewohnten Gleichgültigkeit zur Kenntnis. Weder Eifersucht noch Enttäuschung schienen in seinem Gefühlsleben Platz zu haben. Friederike bezeichnete ihn später einmal „als noch ganz unreifen Menschen". Eine Miniatur, Prinz und Prinzessin Ludwig von Preußen, aus dem Jahre 1793, gibt ihr Recht. Ludwig, wie seine Frau im Profil abgebildet, zeigt eher kindliche Züge, eine etwas aufgebogene Nase, staunende Augen und einen fast mädchenhaften Zug um den Mund. Friederike, obwohl fünf Jahre jünger, wirkt fast erwachsen dagegen.

Der Klatsch in Berlin und Potsdam blühte, die Situation wurde immer unhaltbarer. Man witterte einen handfesten Skandal in der königlichen Familie. Spätestens zum Jahreswechsel stand für den Hof unverrückbar fest: Prinz Louis Ferdinand muss aus Berlin verschwinden.

Mit huldvollen Worten übertrug ihm König Friedrich Wilhelm im Februar 1795 die Inhaberschaft des Infanterieregiments „Prinz zu Baden", das im fernen Magdeburg stationiert war. Strategische Überlegungen ließen es jedoch bald als notwendig erscheinen, die Linie von Ostfriesland über Osnabrück, Münster bis nach Mainz gegen die Franzosen zu sichern. Louis Ferdinand wurde erneut versetzt, sein neues Quartier war die kleine westfälische Stadt Lemgo. Hier, in der „Verbannung", so fasste er die erneute Versetzung auf, überkam ihn tiefe Niedergeschlagenheit. „Ich lebe hier von Entbehrungen", so schreibt er an seine Schwester Luise, „erfreulich ist es zweifellos nicht, die besten Tage seines Lebens in diesem verwünschten Dorf zuzubringen, in einer Lage, dass man weder einen Plan für sein Lebensglück fassen noch an der Vertiefung seiner Anlagen arbeiten kann, die man vielleicht besitzt."

Friederike hoffte derweil vergeblich auf die ihr versprochene Komposition „Für Azelie", ihrem Kosenamen in zärtlichen Stunden.

Im Herbst 1795 kam Friederikes zweiter Sohn zur Welt. Die Geburt war schwierig und Friederike bemerkte voll Dankbarkeit, dass ihr Mann sie „während der ganzen Zeit ihres Leidens" nicht verlassen habe. Das Kind wird zu Ehren der Neustrelitzer Verwandtschaft auf die Namen Karl Georg getauft. Die politische Lage in Preußen hatte sich inzwischen nachhaltig gewandelt. Vor vier Jahren, im April 1792, hatte das revolutionäre Frankreich Österreich und dem mit ihm verbündeten Preußen den Krieg erklärt. Unter dem Oberbefehl des siebenundfünfzigjährigen Herzogs Karl von Braunschweig, einem Schwager des preußischen Königs, wurde daraufhin eilig eine Interventionsarmee aufgestellt. Der Feldzug, vordergründig zur Rettung der französischen Königsfamilie geführt, sollte Preußen zur Durchsetzung lange gehegter Besitzansprüche im rheinischen Raume dienen. Doch dieser Plan scheiterte kläglich. Bei Valmy trafen die feindlichen Heere aufeinander. Nach einem stundenlangen, ergebnislosen Artillerieduell, der berühmten Kanonade, musste Herzog Karl den Einsatz abbrechen und den Befehl zum Rückzug geben. Diese Wendung des Kriegsverlaufs sicherte den Fortbestand der Revolutionsregierung in Paris und ließ Ahnungen für die weitere Zukunft aufkommen. Johann Wolfgang von Goethe, der im Gefolge des Herzogs von Weimar den Feldzug miterlebte, erahnte die historische Bedeutung dieses Tages, als er am selben Abend feststellte: „Von hier und heute geht eine neue Epoche der Weltgeschichte aus, und Ihr könnt sagen, Ihr seid dabei gewesen."

Dem französischen Revolutionsführer Carnot war es mit seinem Aufruf zur „Levée en masse" gelungen, alle Kräfte des Volkes zu mobilisieren. Diesem, vom nationalen Verteidigungswillen durchdrungenen Massenaufgebot, waren die Truppen der Verbündeten hoffnungslos unterlegen. Das preußische Heer, und in anderen Truppenverbänden war es ähnlich, bestand zeitweise nur zu einem Drittel aus Landeskindern und zu zwei Dritteln aus angeworbenen Ausländern.

Die Bildung der Rekrutierten war denkbar schlecht, das Geld, das der Armee zur Verfügung stand, knapp. Gespart wurde an allem. Das Tuch für die Uniformen war grob wie Sackleinen, die Hosen ungefüttert, Unterhosen gab es nicht. Die Weste wurde lediglich durch ein an den Rock geheftetes Stück Stoff markiert. Nur Zopfpuder und Stiefelwichse gab es in ausreichendem Maße. Eine ehrlich empfundene patriotische Verpflichtung konnte sich unter diesen Bedingungen nur schwerlich einstellen. Die Verbündeten mussten einen großen Teil ihrer Truppen vor den heranstürmenden Franzosen bis auf eine Linie hinter Mainz zurückziehen.

Angesichts des unglücklichen Kriegsverlaufs wurden in Deutschland Forderungen nach Beendigung der militärischen Aktionen lauter. Unterstützt von Publizisten und Gelehrten wie Kant, der 1795 in einer seiner Schriften „Zum ewigen Frieden" aufrief, wurden breite Schichten der Bevölkerung von einer Art „Friedenssehnsucht" ergriffen.

Als Preußen nun in der Tat Schritte zur Beendigung der Kämpfe einleitete, waren dafür allerdings nicht geistige oder humanitäre, sondern ausschließlich machtpolitische Gründe maßgebend. In Polen, auch in den Preußen zugefallenen Gebieten, war es zu erheblichen Unruhen und Aufständen gekommen. Starke russische Verbände schickten sich an, der polnischen Erhebung ein Ende zu bereiten. Friedrich Wilhelm II. befürchtete nun, bei der endgültigen Aufteilung Polens nicht mit dem nötigen Nachdruck auftreten zu können, wenn starke Militärkräfte im Westen gebunden waren.

In Paris war man zu einem Sonderfrieden mit Preußen bereit. Nach Vorverhandlungen, die Graf Hardenberg geführt hatte, kam es am 5. April 1795 zu dem Friedensvertrag von Basel. Preußen schied ohne größere Verluste aus der Kriegskoalition aus. Das Ergebnis dieses Friedensschlusses blieb umstritten. Preußen hatte sich, trotz erheblicher Gebietsgewinne im Osten als Folge der dritten polnischen Teilung, als politische Kraft geschwächt. Mit Basel wurde eine Politik der Passivität eingeleitet, die schon von Zeitgenossen als System der „Nullität" kritisiert wurde und die schließlich in dem Zusammenbruch Preußens von 1806 enden sollte.

In der nun folgenden, scheinbar befriedeten, Zeit ging Friedrich Wilhelm II. daran, einige Posten beim Militär neu- oder umzubesetzen. Prinz Ludwig wurde im Sommer des Jahres 1795 das Kommando über das Dragonerregiment Nr. 1 übertragen, dessen Stab in Schwedt an der Oder in Garnison lag. Friederike verließ schweren Herzens Berlin und folgte ihrem Mann nach Schwedt.

Schwedt war zu dieser Zeit ein beschauliches Ackerbürgerstädtchen. Das alte Markgrafenschloss, das Dorothea, die zweite Frau des Großen Kurfürsten, hatte anlegen lassen, dämmerte in Bäumen und Laubgängen halb versteckt dahin, so jedenfalls beschrieb es Fontane. Friederike vermisste schmerzlich die Nähe der Schwester. Ludwig sah sich, fernab der Hauptstadt, um greifbare Chancen Kriegsruhm zu erreichen betrogen und versah seinen Dienst in dem abgelegenen Ort nur widerwillig.

Wie aus Briefen Friederikes an ihren Bruder Georg hervorgeht, scheint sich die Abgeschiedenheit in Schwedt jedoch günstig auf den Zustand der Ehe ausgewirkt zu haben: „Wir lieben uns beide herzlich und dass wir ständig beisammen sind, hat gewiss den besten Einfluss." Als Prinz Ludwig an einem rheumatischen Leiden erkrankt und auch Friederike sich nicht ganz wohl fühlt, ergibt sich auch daraus etwas Positives für beide: „Ich habe meinem Mann in seiner Krankheit vorgelesen. Wir pflegten uns gegenseitig und diese Krankheit hat sehr viel zu meinem Glück beigetragen." Briefe Luises bestätigen dieses unerwartete eheliche Glück. „Prinz Louis ist ein ganz anderer Mensch in Schwedt, so gut und zärtlich mit seiner Frau, seine Laune heiter, seine Stirn ohne Runzel und der kleine Fritz [ältester Sohn Friederikes, zweieinhalb Jahre] sein kleiner Abgott; wie natürlich ist es, dass ein Teil der Liebe auf diejenige zurückfällt, die ihm das kleine Kind gab." Im September 1796 wird eine Tochter geboren, die, der Familientradition folgend, den Namen der Mutter erhält.

Inzwischen wieder nach Berlin zurückgekehrt, hält Friederike rückblickend fest: „Ich will immer danken, wenn ich unglücklich bin, dass ich dafür aber so lange in Schwedt glückliche Zeiten erfahren habe." Die eheliche Harmonie verflüchtigte sich in Berlin schnell wieder. Friederike klagte über die „schreckliche Kälte" mit der Ludwig sie behandelte: „Er war gleich nach seiner Rückkehr von Schwedt wie versteinert kalt gegen mich", räumte aber auch ein, selber „sehr zurückhaltend" zu sein. Louis Ferdinand, der „Verbannte", war ebenfalls wieder in Berlin und die Ballsaison hatte begonnen. Der Wunsch, ihn wiederzusehen, war stärker als alle guten Vorsätze und Erinnerungen.

Empörend, nein schamlos, fand man Friederikes Verhalten bei Hofe. Wie konnte man als verheiratete Frau so offen seine Zuneigung zu einem anderen Mann zeigen? Bei Männern fanden gleiche Verhaltensweisen eine gnädigere Beurteilung. Friederike aber überhörte alle Warnungen, sie war taub selbst gegenüber den liebevollen Vorhaltungen der Schwester. Sie wollte sich nicht fügen. Sie wollte das turbulente Berliner Leben genießen. Luise versuchte immer wieder, ihre Schwester vor den Augen der Familie in Schutz zu nehmen. Sie erklärte das „Gesudel" über Friederike für haltlos, sprach von „Gemeinheiten in einer bekannten Angelegenheit", vermied es aber, Namen zu nennen. Da diese Briefe zeitlich aus der zweiten Hälfte des Jahres 1796 datieren, muss es sich wohl um die Liaison mit Prinz Louis Ferdinand gehandelt haben.

Friederike hatte sich bisher wenig Gedanken über religiöse Fragen gemacht; diese Neigung trat erst in späteren Jahren hervor. Aber sie fürchtete sich in fast abergläubischer Weise vor himmlischen Strafen, die auf ein bekannt gewordenes Fehlverhalten folgen könnten. So erschrak sie bis ins Innerste, als Prinz Ludwig im November 1796 an Diphtherie erkrankte. Nie wieder würde sie in Zukunft etwas anderes sein wollen als eine duldsame Ehefrau, wenn er nur gesund würde. Aber dieses Gelöbnis half nicht. Als noch eine fiebrige Gelbsucht hinzukam, hielt der geschwächte Körper Ludwigs diesen Belastungen nicht mehr stand. Ludwig starb am 28. Dezember 1796 in Berlin. Friederike war achtzehn Jahre alt, Witwe und Mutter dreier kleiner Kinder.

Die Beisetzungsfeierlichkeiten im Berliner Dom waren mit allem vorgeschriebenen Pomp auf den 10. Januar des neuen Jahres festgesetzt worden. Friederike zeigte sich nach dem

Tode ihres Mannes stets in tiefes Schwarz gehüllt. Aber man nahm ihr die Trauer nicht so recht ab. Um den Klatsch und wohl auch sich selber zu beruhigen, erschien sie am Vorabend des Begräbnisses im Dom, kniete mit ihren beiden älteren Kindern am Sarg nieder und sprach mit zitternder Stimme ein Gebet. Doch selbst von dieser Geste ließen sich nur wenige überzeugen.

Der erste Brief Friederikes, der eine Reaktion auf den Tod ihres Mannes enthält, datiert vom 23. März 1797 und ist an ihren Bruder Georg gerichtet. „Unsere gute Luise befindet sich so wohl als möglich", heißt es dort zunächst. Luise hatte am 22. März einen gesunden Prinzen, den späteren Kaiser Wilhelm I., zur Welt gebracht. Als dieses freudige Ereignis mit den üblichen Salutschüssen angezeigt wird, kehren für Friederike dunkle Erinnerungen zurück. „Gestern gingen Kanonen", heißt es in dem Brief weiter, „das war wieder ein schrecklicher Augenblick, solche Erinnerungen sind nicht gut für die Gesundheit. Du erinnerst dich doch des schrecklichen Signals, als du die Hülle meines armen Louis begleitetest, um ihn nie wieder zu sehen." Sie fügt dann noch einen etwas rätselhaften Satz an: „Es ist soviel Wermut in dem süßen Kelch der Freude gewesen, dass ich beinahe unterlag."

Friederike beruhigte sich dann aber, als ihr der König zusagte, ein „Monument" für Louis im Dom setzen zu lassen. „Ich habe ihm gleich darauf geschrieben, um ihm zu sagen, wie mich das Andenken an Ihn [unterstrichen], den Geliebten, entzückt ..."

„Liebe, die Triebfeder der ganzen Maschine"

Die junge Witwe

„Fallstricke" in Bad Pyrmont

Wenige Wochen nach Prinz Ludwigs Tod starb auch die Witwe Friedrichs des Großen, Elisabeth, die viele Jahre auf Schloss Schönhausen gelebt hatte, eine schrullige alte Dame, um die niemand so recht trauerte. Für Friederike war sie „die alte Jungfer Königin, die mir immer von ihrer glücklichen Ehe mit Friedrich II. erzählte." Schloss Schönhausen, heute Niederschönhausen, liegt ungefähr zwanzig Kilometer nördlich von Berlins Stadtmitte, für damalige Verhältnisse eine ziemlich weite Entfernung. König Friedrich Wilhelm II. bot seiner Schwiegertochter nun Schönhausen als Wohnsitz an. Dort könne sie in aller Zurückgezogenheit trauern, sei aber trotzdem nicht alleine. Im Schloss hielt sich nämlich bereits die vor Napoleon aus Holland geflohene Lieblingstochter des Königs, Wilhelmine, mit ihrer Tochter auf. Friederike ging sofort auf diesen Vorschlag ein. In einem Brief an Georg drückt sie ihre Freude darüber aus, „dass mir der König Schönhausen erlaubt hat", und fügt auch gleich die Begründung hinzu: „Denk dir nun das Glück, nun habe ich mit der ganzen Clique nichts mehr zu schaffen ... sie können ruhig spionieren. Sie dürfen alles hören, sehen und riechen, was ich mache." Häufiger Gast bei der jungen Witwe war Prinz Louis Ferdinand.

Der König, seit langem an Wassersucht leidend, plante, im Sommer eine Kur in Bad Pyrmont zu nehmen. Seit Jahrzehnten trafen sich in dem damals mondänen Badeort gekrönte Häupter, Staatsbeamte und das gehobene Bürgertum, aber auch Abenteurer und Glücksritter. Friedrich Wilhelm setzte

31

auf die heilenden Kräfte der Pyrmonter Quellen, die ihm schon mehrfach Linderung verschafft hatten. Am 22. Juni 1797 brach er mit großem Gefolge nach Pyrmont auf. Seine langjährige Mätresse Wilhelmine Enke, jetzt Gräfin Lichtenau, reiste mit ihm, und auf seinen besonderen Wunsch hin begleitete ihn auch seine Schwiegertochter Friederike. Der Tross, der sich von Berlin aus in Bewegung setzte, war gewaltig. Carl von Malortie, Oberst und später Hofmarschall in hannoverschen Diensten, gibt ein anschauliches Bild von dem „Reisebedarf" bei solchen Anlässen. Man benötigte vier Pferde für jeweils zwei Personen, dazu vier Diener. Hinzu kamen weitere Wagen, die mit Transportgütern beladen wurden. Einkalkuliert werden musste ein Haushaltsbedarf von vierundzwanzig bis zu fünfzig Personen. Das sah im Einzelnen dann ungefähr so aus: Sieben Dutzend Esslöffel, sieben Dutzend Teelöffel, fünfzehn Dutzend Messer und Gabeln, fünfzehn Dutzend Teller, sechs Dutzend Schüsseln verschiedener Größe, sechs Dutzend verschiedene Leuchter, acht Dutzend Handtücher, fünfundsechzig Dutzend Servietten usw.

Luise plagten unterdessen quälende Sorgen. Sie sah dem Kuraufenthalt ihrer jüngeren, wie sie meinte unerfahrenen, Schwester mit großer Skepsis entgegen. „Mein Herz blutet", schrieb sie zwei Tage nach Friederikes Abreise an ihren Bruder Georg in Neustrelitz, „Wehe! Noch nie ist mir eine Trennung von ihr so schwer gefallen wie diese. Bedenke, liebe teilnehmende Seele, von welcher Wichtigkeit diese Reise für ihr ganzes zukünftiges Leben sein kann! Sie kommt da in Pyrmont unter den Abschaum von Menschen von ganz Berlin. Wie leicht können sie ihr Fallstricke legen, wie viel Behutsamkeit, sogar Weisheit gehört dazu, es mit keinem zu verderben, und mit keinem zu gut zu werden."

Friederike hatte für sich aber wohl schon eine Entscheidung getroffen. Louis Ferdinand hatte sie bei seinen täglichen und nächtlichen Besuchen bestürmt und bedrängt, seine Frau zu werden. Friederike hatte taktiert, war mal zärtlich und hingebungsvoll, dann verwies sie ihn wieder auf das noch nicht abgelaufene Trauerjahr. Sie hatte ihn gern, seine leidenschaftliche Liebe schmeichelte ihr, aber sie zögerte ihre Heiratszusage immer wieder hinaus. Luise von Radziwill spricht in diesem Zusammenhang von den „kleinen Falschheiten" der Prinzessin. Louis Ferdinand hatte geringe Einkünfte, aber hohe Schulden. Friederike erschien ein Leben in Bescheidenheit wenig verlockend. Als verwitwete preußische Prinzessin erhielt sie dagegen ausreichende Mittel für ein standesgemäßes Leben.

Der Aufenthalt in Pyrmont war abwechslungsreich und jeden Tag konnte sich etwas Neues ereignen, neue Liebschaften, neuer Klatsch, neue Intrigen. Das Leben hier war „luxuriös und geräuschvoll", so das Urteil des Arztes Hufeland über Bad Pyrmont um die Wende zum 19. Jahrhundert. Der Tagesablauf war für den Kurgast, je nach Stand, fest geregelt. Für die vornehmen Gäste begann der Morgen gegen sechs Uhr mit dem Gang zur Quelle. Gäste niederen Standes hatten ihre Trinkkuren zwischen drei und sechs Uhr morgens zu nehmen. Man ging anschließend die große Allee auf und ab, auch dieses Recht stand nur den höheren Ständen zu, grüßte Bekannte und plauderte. Zur Erleichterung bei den treibenden Kräften des Wassers gab es im Anschluss an das Badelogierhaus eine dreifache Reihe von Abtritten, verschämt „secreta" genannt, für die Kurgäste.

Nach zwei Stunden versammelte man sich zum Frühstück, entweder an der großen Tafel unter den Alleebäumen oder in kleineren Gruppen im Freien. Nach der Mittagsruhe traf man sich wieder und verbrachte den Rest des Tages mit Spaziergängen, Landpartien oder auch Picknicks. Die große Allee, die zum Brunnen führte, diente am Nachmittag auch als „Laufsteg" für die jeweils neueste Mode. Die meiste Aufmerksamkeit erregten in diesem Sommer die königlichen Gäste aus Berlin. Als Friedrich Wilhelm II. völlig unmilitärisch im schlichten blauen Rock, langen gelben Hosen und einem runden Hut erschien, wurde das als kleine Sensation empfunden. Bis dahin hatten sich die weiten Beinkleider, die Pantalons, nicht recht durchsetzen können, von nun an aber wurden sie zum festen Bestandteil der männlichen Garderobe. Die Damen des königlichen Gefolges, allen voran Prinzessin Friederike, trugen die weich fallenden, antikisierenden Gewänder

der französischen Empiremode. Schnürbrüste, Corsetts und breite Schultertücher galten als provinziell und wurden in Pyrmont nur noch von den Hannoveranerinnen getragen.

Zum müßigen Zeitvertreib gehörte auch das Lesen von Romanen. Lieblingsschriftsteller der Zeit war August Lafontaine. Seine sentimentalen Familien- und Liebesromane, insgesamt etwa 160 Bände, fanden ein breites Publikum, sowohl bei adligen wie bei bürgerlichen Lesern. Man kann es sich heute nur schwer vorstellen, dass bereits im 18. Jahrhundert vor den Gefahren solcher „Massenmedien" gewarnt wurde. So ist in den „Nützlichen Beiträgen zu den Neuen Strelitzischen Anzeigen" vom 10. Mai 1797 etwas über „Romane und ihren Einfluss auf ihre Leser" zu erfahren: „In den meisten erdichteten Geschichten, die unter dem Namen der Romane so sehr bekannt sind, und in unseren Tagen so häufig gelesen werden, ist eine Hauptleidenschaft, die Liebe, die Triebfeder der ganzen Maschine. Alles wird auf diese hingeführt; unter ihrem Zepter muss sich alles beugen. Alles was ihr widersteht ist Grausamkeit, Härte, Unsinn – die heiligsten Pflichten müssen vor ihr weichen, Gehorsam gegen Eltern und Vorgesetzte, Wohlstand und gute Sitten, werden beinahe auf jedem Blatte verletzt ..." Lektüre dieser Art, heißt es weiter, führe zu einem „Ekel" vor jeder Vernunft und ließe jeden Leser und jede Leserin mit dem eigenen Schicksale hadern.

Beinahe ein Duell:
Louis Ferdinand und Herzog Adolf von Cambridge

Neben gesundheitlichen Anliegen und Repräsentationspflichten wurden Kuraufenthalte auch zu politischen Zusammenkünften und Absprachen genutzt. Auf Einladung Friedrich Wilhelms weilte unter anderen der dreiundzwanzigjährige englische Prinz Adolf, Herzog von Cambridge, in Bad Pyrmont. Verhandelt werden sollte über einige Reibungspunkte in den englisch-preußischen Beziehungen. Adolf zeigte jedoch wesentlich größeres Interesse für seine Cousine Friederike. Er fand sich immer dort ein, wo auch sie sich gerade aufhielt.

Adolf, ein Sohn der englischen Königin Charlotte aus dem Hause Mecklenburg-Strelitz und somit ein Vetter Friederikes, hatte eine gewisse Ähnlichkeit mit Louis Ferdinand. Er war von angenehmer Erscheinung, zeichnete sich aber ebenso durch Übermut, Leichtsinn und Sprunghaftigkeit aus. Der König betrachtete das sich anbahnende Verhältnis dennoch mit Wohlwollen. Eine eheliche Verbindung wäre seinen Interessen nicht unbedingt zuwider gelaufen, aber Überlegungen dieser Art wurden zum jetzigen Zeitpunkt nur sehr verhalten angestellt.

Louis Ferdinand, inzwischen wieder im nicht weit entfernten Lemgo, kamen Gerüchte zu Ohren, die sich auf eine „Romanze" der königlichen Schwiegertochter bezogen, und in diesem Zusammenhang fiel immer wieder der Name des englischen Vetters. Um der Ungewissheit Herr zu werden, ritt er so schnell es ging nach Pyrmont und fand seine schlimmen Ahnungen bestätigt. „In flagranti" habe er die beiden ertappt, berichtete er später seiner Schwester Luise, verehelichte Radziwill, der er auch alle Briefe Friederikes übergab, mit der Bitte, diese der Absenderin wieder zurückzuschicken. Leider sind diese Briefe nicht mehr erhalten. Die folgende Nacht bereicherte die Chronik der Kurortskandale. Der enttäuschte Liebhaber betrank sich maßlos und zertrümmerte das Mobiliar seiner Unterkunft. Varnhagen von Ense berichtet, dass die beiden Prinzen Adolf und Louis Ferdinand nur durch „eine hohe Vermittlung" in letzter Minute davon abgehalten werden konnten, zum Degen zu greifen, um durch einen Zweikampf ihre Ansprüche entscheiden zu lassen. Das Verhältnis zwischen Friederike, Adolf und Louis Ferdinand wurde zum Hauptgesprächsthema der nächsten Tage.

Doch Friederike hatte Glück. Die Aufmerksamkeit des Publikums wurde schnell auf ein anderes Ereignis gelenkt. Das preußische Kronprinzenpaar hatte seinen Besuch angesagt und traf Mitte Juli in Pyrmont ein. Trotz der Freude über die Anwesenheit von Schwester und Schwager war Friederike etwas unbehaglich zumute. Die Warnungen vor den Gefahren, die in Badeorten, insbesondere in dem weltläufigen Pyrmont, lauerten, klangen ihr noch im Ohr, und sie wollte auf keinen

Fall zugeben, diesen Versuchungen erlegen zu sein. Doch die unliebsamen Gedanken wurden zunächst erst einmal verdrängt. Die Kursaison in Pyrmont erreichte ihren Höhepunkt. Ein Fest folgte dem anderen. Die „Brunnenfeierlichkeit" am 14. Juli eröffnete den Reigen der Lustbarkeiten. Eine genaue Beschreibung des Festablaufs gibt das „Journal des Luxus und der Moden": „Um halb 5 Uhr versammelten sich die Damen und Herren im großen Ballsaale, Erstere weiß gekleidet. Um 5 Uhr ging die Gesellschaft in einem feierlichen Aufzuge nach einem schönen Platze unweit des Brunnenhauses, der mit schönen Alleen, Rasen und einer schönen Statue des Aeskulap geziert ist, woselbst zu dieser Absicht ein Altar errichtet worden, in folgender Ordnung ...". Hier werden alle Teilnehmer namentlich mit Funktion, zum Beispiel die einer Nymphe, und Ausstattung aufgeführt, dann heißt es weiter: „Als der Zug beim Aeskulap anlangte, wurde ein Halbzirkel von den Herren und Damen geschlossen. Hierauf erschien der König, die Prinzessin Louis von Preußen, die Erbprinzessin von Hessen-Cassel ...". Es folgen weitere Aufzählungen. Der Zug bewegte sich in ähnlicher Weise zurück. Anschließend wurde im Freien getanzt und soupiert, nach neun Uhr wurde der Ball im Saale erneut eröffnet und dauerte bis spät in die Nacht. Friederike hatte ihren Platz an der Seite des Königs und war so allen Vermutungen und Verdächtigungen fürs Erste entrückt. Am 3. August folgte dann die „Fête" zum Geburtstag des Kronprinzen mit ähnlichen Ritualen.

Die „Affäre" um Friederike verlor auch noch aus einem anderen Grunde bei den Badegästen an Interesse. Der Gesundheitszustand des Königs verschlechterte sich zusehends. Ein sicheres Zeichen hierfür war die Miene der Gräfin Lichtenau, die von Tag zu Tag kummervoller wurde. Sie quälte nicht nur bange Trauer, sondern auch Zukunftsangst. Von dem sittenstrengen Kronprinzen erwartete sie weder Nachsicht noch Rücksichtnahme.

Luise sah ihre Rolle als Königin von Preußen immer näher auf sich zukommen, und diese Vorstellung erfüllte sie mit Beklemmung. Der von ihr so geliebte, fast bürgerliche Zuschnitt ihres Familienlebens würde bei Hofe nicht aufrecht zu erhalten sein. In gedrückter Stimmung reiste die königliche Gesellschaft Mitte August aus Bad Pyrmont ab.

Das Ende einer „Ära"

Am 16. November 1797 starb König Friedrich Wilhelm II. Er hinterließ einen großen Schuldenberg, aber eine glanzvoll ausgebaute preußische Hauptstadt. Kurz vor seinem Tode hatte er festgelegt, die Hoftrauer auf sechs Wochen zu beschränken. Die Faschingssaison konnte somit auch bei Hofe uneingeschränkt im Januar 1798 beginnen. Die Gräfin Lichtenau ließ der neue König zunächst festnehmen, ihr Vermögen wurde konfisziert. Kurze Zeit später wurde sie jedoch rehabilitiert, heiratete den Schriftsteller von Holbein, lebte in Wien und Paris, kehrte 1811 nach Berlin zurück, wo sie 1820 starb.

Friederike bezog wieder das Schloss Schönhausen, nahm aber wie selbstverständlich am gesellschaftlichen Leben der Hauptstadt teil. Auch der Herzog von Cambridge hielt sich in Berlin auf und wurde häufig als Gast in Schönhausen gesehen.

Der Beginn der Karnevalslustbarkeiten war in diesem Jahr auf den 28. Januar festgesetzt worden. Zur Eröffnung fand wie immer ein Hofball statt. Das Königspaar führte die Polonaise an, die übrige Hofgesellschaft folgte. Die meisten offenen oder verstohlenen Blicke richteten sich wieder einmal auf Friederike. Die Pyrmonter Ereignisse waren auch in Berlin bekannt geworden und man erhoffte sich Aufschluss über den Stand der Dinge. Aber die Neugier der Hofgesellschaft wurde nicht befriedigt. Der englische Vetter nahm an dem Ball gar nicht teil und Friederikes Verhalten gab keinen Anlass für irgendwelchen Klatsch und Tratsch.

Der weitere Verlauf der Karnevalssaison unterschied sich wenig von den Gepflogenheiten früherer Jahre. Zwei Gluckopern, „Alceste" und „Iphigenie in Aulis" waren einstudiert worden und sollten dem Publikum im Nationaltheater vorgestellt werden. Eine Neuerung gab es indessen: Der traditionelle Maskenball wurde durch eine unmaskierte Redoute abgelöst. Das Leben unter dem neuen König, Friedrich Wilhelm III., war eben nicht so ausschweifend wie zu Lebzeiten seines Vaters. Es vollzog sich bürgerlicher, ruhiger und gleichmäßiger. Langweiliger, fanden viele. Eine gewisse Repräsentation lag aber auch Friedrich Wilhelm III. am Herzen. Berlin sollte eine glanzvolle Hauptstadt bleiben, ein Anziehungspunkt für Adel und Bildungsbürgertum, für Wissenschaftler und Künstler. Staatsphilosophen und Gelehrte wie Friedrich von Gentz, Alexander und Wilhelm von Humboldt kamen nach Berlin, der Arzt Christoph Wilhelm von Hufeland entwickelte neue Heilmethoden und wurde zum Leibarzt der königlichen Familie ernannt.

Ein forscher Gardeoffizier:
Prinz Friedrich von Solms-Braunfels

In einem Brief Luises an Bruder Georg vom 1. Oktober 1797 wird zum ersten Mal ein junger Mann erwähnt, dessen Schicksal die königliche Familie noch nachhaltig berühren sollte. „Prinz Solms ist seit dem Manöver hier", heißt es in dem Brief. „Er ist ein guter, angenehmer junger Mann. Er hat viel Unglück gehabt, das macht ihn ein wenig verschlossen. Schade ist es, dass er keinen Freund hat. Seine besten Freunde sind tot, so wie seine liebsten Schwestern." Prinz Solms ist dann wohl zu Beginn des nächsten Jahres Friederike vorgestellt worden, die sich, trotz der seit Pyrmont nach wie vor bestehenden Beziehung zu ihrem Vetter Adolf, Hals über Kopf in den jungen Offizier verliebte.

Friedrich Wilhelm Prinz zu Solms-Braunfels, siebenundzwanzig Jahre, konnte sich als achtes Kind des Fürsten Wilhelm zu Solms-Braunfels keine Hoffnungen auf Titel und Erbschaft machen. Er musste sich, wie die meisten nachgeborenen Söhne kleinerer Residenzen, an andere Höfe verdingen. Nach Umwegen über Holland, wo er es zum Kornett der dortigen Garde gebracht hatte, war er 1797 in das Ansbacher Husarenregiment eingetreten. Friedrich Wilhelm III., der in Holland auf ihn aufmerksam geworden war, hatte ihn dann unmittelbar nach seiner Thronbesteigung in sein Leibregiment, die Gardedukorps, nach Berlin berufen.

Prinz Solms war ein zwiespältiger Charakter: Auf der einen Seite charmant und bestrebt, seinen gesellschaftlichen Status zu verbessern, auf der anderen Seite eher abweisend, träge und überheblich, ständig geneigt, sich als Opfer irgendwelcher Intrigen zu sehen. Junge Damen bei Hofe schätzten heimlich seine frivolen Komplimente, bewunderten sein gutes Aussehen, zogen ihn aber wegen seiner Mittellosigkeit nicht ernsthaft als Heiratskandidaten in Betracht. Ihm selber wäre eine Verbindung mit dem preußischen Königshaus natürlich sehr gelegen gekommen. Friederike gefiel ihm, schien aber unerreichbar zu sein. Wie man im Casino erzählte, war sie für eine englische Verbindung mit dem Prinzen Adolf von Cambridge vorgesehen.

Anfang des Jahres 1798 nahm Friederike Abschied von diesem Plan. Eine Heirat mit Prinz Adolf hätte wohl eine Trennung von ihren Kindern aus der ersten Ehe bedeutet. Friederike war diese Entscheidung nicht leicht gefallen, sollte sie ihre Pflichten als Mutter erfüllen oder sich von ihrem „Anspruch, glücklich zu sein", leiten lassen? „Ach Gott, helfe mir!", schreibt sie am 7. März 1798 an ihren Vater, „und erhalte mich in meiner Pflicht. Ich weiß nicht mehr, wie man in diesem Leben glücklich sein kann, ich baue auf das künftige, wo ewiges Glück unser Lohn ist."

Zunächst traten für Friederike all diese Gedanken in den Hintergrund. Trotz Fortentwicklung der medizinischen Wissenschaft und Hufelands Bemühungen um Hygieneverbesserungen waren in Berlin wieder erste Fälle von Diphtherie bekannt geworden. Besonders Kinder waren davon betroffen, die Zahl der Todesopfer stieg von Tag zu Tag. Friederike machte sich Sorgen um ihren zweijährigen Sohn Karl. Erste Anzeichen einer beginnenden Erkältung hatte sie zunächst nicht ernst genommen, dann als das Fieber sprunghaft stieg und Karl mühsam nach Luft rang, ließ sie sich mit dem Kind nach Berlin fahren, um ärztlichen Rat einzuholen. Zu spät. Am 4. April 1798 starb der zweitgeborene Sohn. Friederike blieben noch der Älteste, der knapp vierjährige Friedrich Ludwig, und die eineinhalbjährige Friederike. Die junge Mutter machte sich schwere Vorwürfe, Karl vernachlässigt zu haben, und zog sich wieder nach Schönhausen zurück, um ihren Schmerz allein zu tragen. „Gott muss es ihr noch einmal in der Welt recht gut gehen lassen", schreibt Luise voller Anteilnahme nach Strelitz, „sie verdient gewiss Glück und hat nichts als Kummer. Ihre schönste Jugend gehet unter Tränen dahin, und unser Vater im Himmel ist so gerecht, kann also keine Freude an unverdientem Leiden haben, wird also die Tränen der Unschuld trocknen und Freude den betrübten Herzen geben."

Reue und Bußfertigkeit hielten jedoch nicht lange vor. Friederike wurde ihrer selbst gewählten Abgeschiedenheit bald überdrüssig. Sie war zwanzig Jahre alt und sehnte sich nach Kontakten, nach Verehrern, mit denen man kokette Gespräche führen konnte. Den persönlichen Verkehr mit dem englischen Vetter brach sie zunächst ab, man schrieb sich aber weiter zärtliche Briefe. Häufiger und intensiver wurden zu dieser Zeit die Besuche des Prinzen Solms. Schloss Schönhausen bot einen stimmungsvollen Hintergrund für verschwiegene Treffen. Der große Park, der das Schloss umgab, schirmte das Gebäude nach allen Seiten gegen unerwünschte Einsichtnahme ab.

Andeutungen in verschiedenen Briefen lassen auf eine gewisse Freizügigkeit Friederikes bei diesen Treffen schließen, was ihr wohl auch die Missbilligung ihrer Schwiegermutter eintrug. „Mama duldet kein Négligé", heißt es in einem Brief an Georg vom 3. September 1798. Über die näheren Umstände wie Tageszeit oder Anlass wird nichts mitgeteilt. Deutlicher hat sich Louis Ferdinand seiner Schwester Luise Radziwill gegenüber geäußert, allerdings erst nach dem Pyrmonter Skandal. Bei seinen Besuchen in Schönhausen habe die Prinzessin Louis ihn häufig schon ganz „aufgedeckt liegend" empfangen. „Jetzt ekelt mich vor ihr", so sein abschließendes Urteil.

„Sie ist fort, auf ewig von mir getrennt"

ÜBERSTÜRZTE HEIRAT
UND VERBANNUNG NACH ANSBACH

Ein kaum lösbares Problem

*I*m Jahre 1798 kam der Sommer recht zeitig. Ende Mai war es schon hochsommerlich warm und die weitausladenden Bäume im Schönhauser Park spendeten wohltuenden Schatten. Eine herrliche Zeit, um Besuche zu empfangen und Gartenfeste zu geben – wenn es da nicht ein Problem gegeben hätte, das sich nicht so leicht lösen ließ. Friederike hatte schon vor Wochen einige Unpässlichkeiten, wie sie es nannte, an sich entdeckt, deren Ursache sie erahnte. Die engen Seidentrikots fingen an, in der Taille zu spannen, ihr Zustand wurde zur Gewissheit. Sie fürchtete die Reaktionen von Schwester und Schwager und beschloss, ihre Schwangerschaft zunächst geheim zu halten. Eine gangbare Lösung des Problems erforderte einige grundsätzliche Überlegungen. Wen sollte sie der tugendhaften Schwester als zukünftigen Ehemann und Vater vorstellen? Den königlichen Vetter, Herzog Adolf von Cambridge? Es war nicht immer nur bei den zärtlichen Briefen geblieben. Adolf hatte Friederike auch einige Male in Schönhausen besucht. Der preußische Hof war einer englischen Heirat durchaus nicht abgeneigt. Friederike wusste jedoch, dass die englische Königin, Sophie Charlotte, die Schwester ihres Vaters, erhebliche Vorbehalte gegen ihre lebenslustige Nichte hegte. Es würde also Schwierigkeiten geben, und außerdem erschien ihr eine Ehe mit dem forschen Gardeoffizier Solms verlockender. Sie erkor ihn deshalb zum Vater des zu erwartenden Kindes, behielt die ganze Angelegenheit aber zunächst für sich.

Königin Luise und ihre Familie verlebten im Sommer 1798 mehrere Wochen auf ihrem geliebten Landsitz Paretz, unweit von Berlin. Hier draußen verzichtete man auf alle Etikette, das Leben der königlichen Familie hatte einen fast bürgerlichen Zuschnitt. Man nahm die Mahlzeiten zusammen ein, spielte mit den Kindern, las oder empfing Gäste, führte ein Leben voller Ausgeglichenheit und Harmonie. In diese ruhige Abgeschiedenheit drangen Gerüchte über häufige, sehr ausgedehnte Besuche junger Verehrer in Schönhausen. Diese Andeutungen fanden jedoch kein Gehör. Luise war vielmehr voller Mitgefühl für die jüngere Schwester, die sie in Trauer um ihr jüngst verstorbenes Kind wähnte.

Die Entscheidung

Friederike hatte sich inzwischen endgültig für den Prinzen Solms als den Vater ihres Kindes entschieden. Dieser war darüber gar nicht so unglücklich. Einem glanzvollen Aufstieg in der preußischen Armee schien bei so engen verwandtschaftlichen Bindungen nichts mehr im Wege zu stehen. Jetzt kam es nur darauf an, geschickt zu taktieren.

Am Abend des ersten Advent überbrachte Wilhelmine, Schwester des Königs und Mitbewohnerin in Schönhausen, dem Königspaar die Nachricht von der Schwangerschaft und der in wenigen Wochen bevorstehenden Niederkunft Friederikes. Der Schock bei Hofe saß tief. Luise brach in Tränen aus. Friedrich Wilhelm handelte. Er befahl den Prinzen Solms zu sich und eröffnete ihm mit schroffer Stimme seinen Plan: Unverzügliche Heirat, in aller Stille selbstverständlich, anschließende Übersiedlung nach Ansbach, wo Solms wieder den Dienst in seinem früheren Regiment, den Ansbacher Husaren, anzutreten habe.

Alle Karrierehoffnungen verflüchtigten sich von einem Augenblick zum anderen. Solms hatte sich seinen Plan so einleuchtend zurechtgelegt. Seine Vaterschaft war zwar keineswegs sicher, sogar eher unwahrscheinlich. Da er aber als Kavalier die Verantwortung auf sich nähme, um die Ehre der

Prinzessin und auch die neu gefestigte Moral des Hofes zu retten, würde sich der Hof seinerseits mit der Verleihung einer vielversprechenden Position erkenntlich zeigen. Nichts dergleichen geschah. Friedrich Wilhelm III. war vielmehr außer sich vor Zorn.

Wann die angeordnete Heirat stattfand, ist nicht genau zu ermitteln. Briefe Luises lassen auf den 10. Dezember 1798 schließen, der Biograf König Ernst Augusts, Geoffrey Malden Willis, stützt sich auf den englischen Geschäftsträger in Berlin, Ludwig von Ompteda, und nennt den 7. Januar 1799, das Genealogische Handbuch des Adels verzeichnet den 10. Januar 1799 als Hochzeitsdatum, was eher unwahrscheinlich ist, da bereits an diesem Tag die Abreise nach Ansbach erfolgte. Das von Königin Luise angegebene Hochzeitsdatum, der 10. Dezember 1798, dürfte zutreffender sein. Fest steht, dass in einer „Versicherungsakte", einer Art Ehevertrag, folgende Bestimmungen festgehalten worden sind:

– Erstens wird festgestellt, dass diese Eheschließung ohne vorherige Genehmigung des Königs erfolgt sei, dass dieser aber „aus Liebe zu Ihrer Majestät der Königin", der verwitweten Prinzessin die voreilige, heimlich vollzogene Heirat allergnädigst verzeihe.

– Zweitens wird Friederike für ihre Person und auf ihre Lebenszeit eine jährliche Pension von zwanzigtausend Talern in preußischen Courant ausgesetzt.

– Drittens folgt eine für Friederike sehr harte Bestimmung. Denn die Gewährung dieser Geldmittel ist mit der Auflage verbunden, „die Pension in Unseren Landen, jedoch außerhalb Berlins, zu verzehren. Den Ort, wo solches geschehen solle, behalten Wir uns vor, jederzeit nach unserem Gutdünken, und nicht bloß ein für alle Mal, zu bestimmen. Für itzt bestimmen wir Ansbach."

– Viertens geht die Vormundschaft über die beiden Kinder aus der Ehe mit Prinz Ludwig auf König Friedrich Wilhelm III. über, ohne Einspruchsmöglichkeit seitens der Mutter. Der Sohn Friedrich Ludwig bleibt in Berlin, die Erziehung der dreijährigen Tochter Friederike bleibt der Mutter überlassen, das heißt, sie darf das Kind mit nach Ansbach nehmen.

Weitere Verfügungen beziehen sich auf Aufenthalt und Haushaltsführung in Ansbach. „Wir verstatten der Fürstin den Gebrauch des … in Ansbach befindlichen Silberzeuges, Tisch- und Bettzeuges auch Hausgeräts, jedoch unter der Bedingung, dass nach der Fürstin Ableben die Stücke unbeschädigt oder ergänzt an Uns und an Unsere Krone wieder überliefert werden." Zusätzlich werden noch Rationen für zehn Pferde gestellt und eine bestimmte Holzzuteilung gewährleistet.

Alle diese Rechte werden jedoch verwirkt, wenn Friederike, Prinz Solms oder das Haus Mecklenburg-Strelitz irgendetwas gegen das preußische Königshaus unternehmen sollten.

Dieses Dokument wurde sowohl von König Friedrich Wilhelm III. als auch von Herzog Karl von Mecklenburg-Strelitz am 8. Januar 1799 unterzeichnet.

In einer zusätzlichen „Versicherungsakte" vom 11. Januar 1799 hatte der König ohne Wissen Friederikes verfügt, dass ein Kapital von 40 000 Talern preußische Courant für die zu erwartenden Kinder aus der Solmsschen Ehe bei der „Seehandlungs-Societät" (später „Preußische Staatsbank") anzulegen sei. Dieses Kapital sollte jährlich verzinst werden und in einem Zeitraum von ungefähr sechzehn Jahren auf einen Stand von 104 000 Talern anwachsen.

Für die Abreise nach Ansbach wurde eine detaillierte Liste erstellt: Man benötigte fünf Wagen und dreiundzwanzig Pferde. Im ersten Wagen sollte Friederike mit einer Hofdame fahren, Prinz Solms wurde nicht erwähnt. Er folgte wohl erst später nach. In den anderen Wagen befanden sich Bedienstete, zum Teil auch Gepäck. Der dritte Wagen war für die kleine Prinzessin und deren Kinderfrau vorgesehen. Am 10. Januar 1799 verließ der Tross das Schönhauser Schloss mit dem Ziel Ansbach.

„Sie ist fort! Ja, sie ist auf ewig von mir getrennt", schrieb Luise einen Tag später an ihren Bruder Georg. „Sie wird nun nicht mehr die Gefährtin meines Lebens sein. Ach Gott! Helfe mir diese schwere Trennung tragen sowie auch die Ursachen, die sie veranlassten." Trotz allem überwog Luises Mitgefühl mit dem Schicksal der Schwester. „Wenn ich mir vorstelle, dass Friederike unglücklich werden könnte, so recht elend und gequält, so kann ich Augenblicke haben, wo ich ganz trostlos bin. Ach, gütige Vorsehung verhindere dies." Die Reise mitten im Winter war beschwerlich, die Zukunftsaussichten schienen düster. Vieles an Hoffnungen und Wünschen blieb in Berlin zurück. Die Wagenkolonne nahm, nun in umgekehrter Richtung, den gleichen Weg wie vor sechs Jahren, als Luise und Friederike als junge, fast kindliche Bräute unter dem Jubel der Bevölkerung in Berlin eingezogen waren. Ein halbes Leben schien dazwischen zu liegen.

Neubeginn in Ansbach

Die Fürstentümer Ansbach und Bayreuth waren nach Erlöschen der Bayreuther Linie 1769 an den Markgrafen Karl Alexander von Ansbach gefallen. Der kinderlose Markgraf hatte jedoch wenig Interesse an der Regierung und Verwaltung seines Landes und verpflichtete sich 1791 gegen eine stattliche jährliche Rente zur Abtretung der Fürstentümer an Preußen. Anschließend begab er sich mit seiner Mätresse, Lady Craven nach England. Der preußische König betraute daraufhin den Staatsminister Karl August von Hardenberg mit der Wahrnehmung der Verwaltungsaufgaben.

Das Ehepaar Solms bezog zunächst einen Seitenflügel des Ansbacher Schlosses und übersiedelte später in das etwas außerhalb gelegene Schloss Triesdorf. Solms tat wieder Dienst bei den Ansbacher Husaren, war missvergnügt und fühlte sich zurückgesetzt. Der Empfang bei seinen ehemaligen Kameraden reichte von distanzierter Höflichkeit über Spott bis hin zu offen gezeigter Ablehnung. Das war also die Karriere in der Nähe des preußischen Königs, die beim Abschied vor zwei Jahren so lauthals gepriesen worden war. Solms hatte es zwar bis zum Schwager des Königs gebracht, aber über die näheren Umstände wurden anzügliche Witze gemacht.

Die Stimmung im Ansbacher Militär war seit der Einführung des preußischen Kantonsregiments im Jahre 1796 ohnehin gereizt. Dieses Kantonssystem teilte das gesamte Gebiet in Bezirke, eben die Kantone, und jedes Regiment hatte das

Recht, in seinem Kanton Rekruten einzuziehen, ausgenommen waren Söhne des Adels und wohlhabender Bürger. Unsichere Kantonisten waren jene Männer, die sich der Einberufung zu entziehen suchten. Die Zahl dieser Flüchtigen nahm ständig zu. Die Erinnerungen an den Krieg gegen Frankreich waren noch frisch. Trotz des Ausscheiden Preußens aus der Kriegskoalition, im Frieden von Basel 1795, waren Ansbach und Bayreuth nicht von durchziehenden und marodierenden französischen und österreichischen Truppen verschont geblieben. Versprochene Entschädigungen für die betroffene Bevölkerung blieben aus. Man fürchtete, in einen weiteren, unmittelbar bevorstehenden Krieg hineingezogen zu werden.

Entgegen allen getroffenen Friedensvereinbarungen schickte sich Napoleon an, seinen Machtbereich über die vereinbarten Grenzen nach Italien und über den Rhein hinaus auszudehnen. England, aufgeschreckt durch die Eroberungsfeldzüge Napoleons in Ägypten, bemühte sich deshalb um die Bildung einer neuen Koalition gegen Frankreich. Preußen zögerte zunächst, ließ sich aber dann doch nicht zu einem Beitritt des zwischen England, Russland und Österreich geschlossenen Bündnisses bewegen. Süddeutsche Fürsten wie Kurfürst Max Joseph von Bayern und Herzog Friedrich von Württemberg schlossen sich 1799 unter Gewährung erheblicher Zuschüsse für die Kriegsführung seitens Englands und Österreichs der antifranzösischen Koalition an. Da die staatsrechtliche Stellung der Provinzen Ansbach und Bayreuth im preußischen Staatsverband nicht eindeutig geklärt war, wuchs in der Bevölkerung die Sorge vor feindlichen Übergriffen.

Doch Friederike schien in Ansbach zunächst ihr Glück gefunden zu haben. Sie habe zwar einen Fehler gemacht, bekennt sie in einem Brief an Georg, aber „ich bin verbunden mit dem einzigen Mann, der nach meinem Gefühl allein mich hatte glücklich machen können. Unbegreiflich war der Magnet, der mich, der unsere zwei Herzen verband ... Schon lange war ich die Seinige, unvernünftige Furcht ließ mich den Augenblick verpassen, es zu beteuern." In einem weiteren Brief an Georg berichtet sie von der am 27. Februar 1799 geborenen Tochter Caroline, die ein so ansprechender Säugling sei, dass „sie die Menschen unwillkürlich lieben." Und wieder heißt es von Prinz Solms, dass er sie liebe und „unaussprechlich glücklich" mache.

Isolde von Bose, frühere Hofdame der Prinzessin Georg, dann, bis zu deren Abreise nach Ansbach, in den Diensten Friederikes stehend, beurteilte dieses Glück skeptischer. Sie hielt den „Schwindel der Glückseligkeit", in dem sich die Prinzessin befände, eher für „leere Täuschungen", die der Wirklichkeit nicht standhalten könnten. Sie äußerte in einem Brief an die Prinzessin Georg vom 7. März 1799 zwar Verständnis für einen Schritt, den man aus Liebe getan haben könnte, zeigte sich aber gleichzeitig empört darüber, „dass es in einer Zeit von zwei Jahren die dritte Liaison! in welchem Grade! jedes Mal? Ist?" Die Interpunktion ist originalgetreu!

Auf der Rückreise von einem Verwandtenbesuch in Darmstadt machte das junge Ehepaar auch Station in Braunfels. Friederike gefiel die Landschaft außerordentlich, die Braunfelser Verwandtschaft wurde etwas zurückhaltender beurteilt: „Die Brüder und die Schwester meines Mannes verdienen geliebt zu werden, wenn man sie näher kennt ... die Fürstin aber ist ein albernes Weib."

Ein erster Schatten fiel auf das eheliche Glück als die kleine Tochter Caroline, der „Stein des Anstoßes" oder wie es Friederike nannte, das „ewig geliebte werte Pfand unserer Liebe", am 20. Oktober 1799, wenige Tage vor Solms Geburtstag, starb. Die Freude über dieses Kind „war groß, aber kurz". Und auch das Verhältnis zu Solms, der sich um eine schnelle und erfolgreiche Karriere betrogen fühlte, wurde immer schwieriger. Eigenschaften wie Herrschsucht im Wechsel mit Verbitterung und Selbstmitleid traten immer deutlicher hervor und fingen an, die Ehe zu belasten. Auch Folgen seines ungesunden Lebenswandels begannen, sich bemerkbar zu machen. Fieberwallungen, Gelenkschmerzen und dicke Knoten an Fingern und Zehen zwangen ihn zu Bettlägerigkeit und tagelanger Untätigkeit. Der von Friederike hinzugezogene Arzt diagnostizierte Podagra, eine Form schwerer Gicht, stellte strenge Regeln auf, zum Beispiel den Verzicht auf alkoholische Getränke, und empfahl überdies eine Kur in Karlsbad. Solms schlug alle Warnungen in den Wind.

Friederike vermisste das gesellschaftliche Leben Berlins. Dem kleinen Fürstentum Ansbach fehlte der Kristallisationspunkt, das Herrscherhaus und die damit verbundenen Adels- und Hofkreise. Friederike vermisste die Bälle, das Theater, die Ausfahrten, die Soupers. Ereignisse, bei denen man gesehen und bewundert wurde, Gelegenheiten, die auch die Möglichkeiten zu weitreichenden Flirts boten. Die wenigen Bälle im Ansbacher Offizierskasino dagegen arteten regelmäßig in wüste Trinkgelage aus. Die Stimmung zwischen den Eheleuten wurde zunehmend gereizter.

Luise im fernen Berlin litt ebenfalls unter der Trennung von der jüngeren Schwester, trotz des „Verrats", wie sie Friederikes lange verheimlichte Schwangerschaft nannte. In ihrer Erinnerung gab es keine Zeit, in der die Schwester nicht zugegen war, als Spielgefährtin, als Vertraute beim Hineingleiten in die Erwachsenenwelt und als Verbündete am nicht immer wohlgesonnenen Berliner Hof. Die älteren Schwestern, Charlotte und Therese, hatten ebenfalls zeitig geheiratet und waren damals aus der Sicht der beiden Jüngeren schon Erwachsene. Alle Geschwister, auch die Jüngsten, Bruder Georg und Halbbruder Carl, fühlten sich zeitlebens eng miteinander verbunden, wie ein reger, vertrauter Briefwechsel zeigt.

Was Friederike, die Ausgestoßene, für undenkbar gehalten hatte, war bereits im Frühsommer des Jahres 1799 Wirklichkeit geworden. Die Verbannung wurde gelockert. Sie durfte mit Erlaubnis des Königs an einem Familientreffen auf dem Schloss der ältesten Schwester Charlotte in Hildburghausen teilnehmen. Auch die Großmutter, Vater Karl, Therese und die beiden Brüder Georg und Carl waren zugegen. Luise und König Friedrich Wilhelm trafen später ein, da der König noch einige Paraden in Westfalen abzunehmen hatte. Es wurde ein tränenreiches Fest der Wiedersehensfreude und, was Friederike anbetraf, auch des Verzeihens. Eine gewisse Distanz zwischen Luise und Friederike blieb aber zunächst bestehen.

Schwester Charlotte hatte in Hildburghausen einen kleinen „Musenhof" eingerichtet. Anlässlich des verwandtschaftlichen Besuches wurde der in Hildburghausen weilende Dichter Jean Paul in das herzogliche Schloss gebeten. Der Anblick der vier Schwestern in griechischen Gewändern brachte ihn zum Schwärmen. Er verglich sie in seinem Roman „Titan" mit den Göttinnen Aphrodite, Aglaja, Euphrosine und Thalia, die in das „irdische Helldunkel hernieder gestiegen waren, dort zu Menschen und Schwestern wurden und sich Luise, Charlotte, Therese und Friederike nannten." Wenn man den Vergleich und die Reihenfolge der Genannten wörtlich nimmt, dann wird Luise die „Liebe", Charlotte die „Anmut", Therese die „Heiterkeit" und Friederike die „Lieblichkeit" zugeschrieben. Jean Paul hat seinen Roman „Den vier schönen und edlen Schwestern auf dem Thron" gewidmet. Ein Jahr später, im Juli 1800 trafen sich die Schwestern wieder in Hildburghausen. Friederike berichtete in einem Brief an Georg vom 23. Juli begeistert von der angenehmsten Unterhaltung: „Wir lesen itzt den Titan von Jean Paul, und du weißt, da mag man nicht davon gehen, bis ein Zitat wieder zu finden ist."

Einige Briefe Friederikes aus der ersten Hälfte des Jahres 1801 lassen aufhorchen. So wollte sie eigentlich an Luise schreiben, wandte sich dann aber doch lieber an Georg, „weil er so gut ist". Sie beteuert, dass sie „dem Bunde der Tugend" treu war. „Mein ganzes Ich vergaß es auch nicht, ich übertrat kein Haar breit den geschlossenen Bund." Wenig später versicherte sie Georg, „dass du nie, nie etwas erfahren wirst, oder vielmehr nichts geschehen wird, was meiner Tugend zuwider wäre ... Ich bin zu alt, zu erfahren, um unwissend zu handeln. Du sollst keinen Kummer über mich haben." Offensichtlich hatte Friederike wieder einmal eine Liebschaft gehabt. Um wen es sich handelte, ist nicht festzustellen.

Ende des Jahres scheint diese Affäre vorbei gewesen zu sein. Am 30. Dezember 1801 wurde ein Sohn geboren, Friedrich Wilhelm, genannt Wilhelm, nach zwei Totgeburten, beide im Jahre 1800, endlich ein überlebensfähiges Kind. Die Freude war groß. „Ich genieße recht das Glück, Mutter zu sein. Gott erhalte mir das Glück." Dieser Satz ist vielfach unterstrichen. Im weiteren Verlauf des Briefes ist aber auch von erheblichen finanziellen Schwierigkeiten die Rede, Friederike fügte wohl deshalb eine dringende Bitte an Georg an: „Ich bitte dich, übergebe auch Luise diesen Brief, wenn ihr Mal zusammen fahrt, oder wenn der König spazieren geht, dass sie allein ist, dann bitte ich dich, dafür zu sorgen, dass er verbrannt wird." – Dem letzteren Wunsch wurde offensichtlich nicht entsprochen.

In den folgenden Jahren, zwischen 1803 und 1805 kamen noch drei Töchter zur Welt, von denen allerdings nur Auguste, geboren 1804, überlebte. Das Zusammenleben mit Solms gestaltete sich danach immer schwieriger. Zu den ehelichen, gesundheitlichen und wirtschaftlichen Problemen kamen zunehmend auch politische Auseinandersetzungen. Die preußische Neutralitätspolitik verhinderte aus Solms Sicht möglichen Kriegsruhm. Er hielt seinen Schwager, den König, für einen Schwächling und Feigling. Mit dieser ablehnenden Haltung gegenüber Preußen, mit der er auch Friederike treffen wollte, steigerte er sich immer mehr in eine unkontrollierte Begeisterung für Napoleon.

Ansbacher Gesellschaftsleben

Das Frühjahr 1803 bot düstere Aussichten. Das Verhältnis zwischen Frankreich und England war zum Zerreißen gespannt. England sah seinen Festlandsbesitz, das Kurfürstentum Hannover, bedroht. Napoleon nämlich drängte den preußischen König, in Erwartung späterer Vergünstigungen, Hannover zu besetzen und zu annektieren. Friedrich Wilhelm, immer noch bemüht, Preußen aus den kriegerischen Auseinandersetzungen herauszuhalten, zögerte und wies den französischen Vorschlag schließlich zurück. Die Stimmung in der Bevölkerung war gespalten. Einerseits setzten viele ihre Hoffnung in die Neutralitätspolitik des Königs, ein größerer Teil aber, Menschen aus allen Ständen, fürchtete die Entschlossenheit Napoleons, Herr über ganz Europa zu werden. Sollte man lieber ein Bündnis mit ihm suchen? Das Schicksal Preußens stand auf Messers Schneide.

Auch in Ansbach redeten alle von dem bevorstehenden

Krieg und rätselten über die weiteren Absichten Napoleons. In kleinem Kreise wurde mit kaum verhohlener Lust über sein Privatleben gemunkelt. Gerne hätte man einmal die Frau gesehen, die wesentlich zu dem gesellschaftlichen Aufstieg des „kleinen Korsen" beigetragen hatte und deren Schönheit und Eleganz allgemein bewundert wurde, Joséphine de Beauharnais. Über ihre Herkunft wusste man wenig, ihre Lasterhaftigkeit und ihr unsteter Lebenswandel waren Gegenstand zahlreicher Plauderstunden. Napoleon hatte die ehemalige Geliebte einflussreicher Persönlichkeiten geheiratet und dadurch seine eigene Stellung – zunächst – gefestigt. In Ansbach nahm man alle diese Nachrichten begierig auf. Joséphine, so hieß es, besaß mehr als sechshundert Kleider und ließ sich jedes Jahr hundert bis hundertvierzig neue nähen. Man tadelte den Luxus, bewunderte ihn aber heimlich.

Höhepunkte des gesellschaftlichen Lebens in Ansbach waren die Soireen im Hause des Staatsministers Hardenberg, dem Leiter der preußischen Provinzialverwaltung für Ansbach-Bayreuth. Und es galt als besondere Ehre, zu den geladenen Gästen zu gehören. Friederike verdankte diese Einladung ihrer Stellung als Schwägerin des preußischen Königs, der Prinzessin Solms wäre weniger Aufmerksamkeit zuteil geworden. Trotz allem, sie langweilte sich. Die Herren diskutierten über mögliche Bündnisse gegen Napoleon, über Stärke und Verfügbarkeit von Truppen. Ein neu hinzugekommener Gast aber zog plötzlich alle Blicke auf sich, Fürst de Ligne. Die meisten kannten ihn. Auch Friederike hatte von ihm gehört. Man sagte, er sei einer der letzten Vertreter der alten Schule, ein Kavalier, höflich, gebildet und überaus liebenswürdig. Goethe bezeichnete ihn einmal als den „frohesten Mann des Jahrhunderts".

Fürst de Ligne war groß, beinahe hager, und hielt sich trotz seiner achtundsechzig Jahre kerzengrade. Die dunklen Augen strahlten Wärme, aber auch eine gewisse Überlegenheit aus. Ohne es darauf anzulegen, stand er meistens im Mittelpunkt einer Gesellschaft. In dem sehr ebenmäßigen Gesicht ließ nur die gespannte Oberlippe auf einen gewissen Hang zu Satire und Ironie schließen. Seine Bonmots machten die Runde.

„Napoleon", so hatte er einmal bemerkt, „wäre vollkommen, hätte er eine Seele; er besitzt aber nur – Genie." Andererseits ließ er keine Zweifel über seine Einschätzung der allgegenwärtigen Kriege aufkommen: „Es ist notwendig vom ersten Tag des Krieges an den Frieden zu denken; ebenso muss man vom ersten Tag des Friedens wieder den Krieg in den Bereich der Möglichkeiten ziehen, damit man wisse, wie er vermieden werden könne."

Friederike erfuhr auch viel Privates von ihm an diesem Abend, dass er und seine Familie durch die Folgen der Französischen Revolution ihre Besitztümer in der Nähe von Brüssel verloren hatten, dass er sein Schloss Beloeil hatte verlassen müssen, dass er zur Zeit im Reichsstift Edelstetten ganz in der Nähe von Ansbach lebe und demnächst nach Wien gehen werde. Friederike folgte dem wohltuenden Rhythmus seiner Redeweise, ohne die Inhalte eigentlich aufzunehmen. Sie fühlte sich zum ersten Mal seit langer Zeit verstanden.

Quietschend rollte kurz vor Mitternacht der alte Prunkwagen des Fürsten durch die Gassen von Ansbach. Die wenigen Leute die noch auf der Straße waren, erkannten ihn sofort. Er war rosa wie die Wappenfarbe des Fürsten. Rosa waren die Livréen seiner Diener, rosa war auch sein Haus auf der Mölkerbastei in Wien. Friederike sah der Kutsche lange nach. Erst vier Jahre später sollte sie de Ligne in Karlsbad wiedersehen.

De Ligne zeigte sich später in einem Brief an seine Tochter, die Gräfin Palffy, äußerst angetan von der „entzückenden Fürstin Solms". Man war sich wohl näher gekommen. Luise berichtet jedenfalls in einem Brief an ihren Bruder Georg von einer Art „Verwarnung" Friederikes, die trotz aller Schwierigkeiten mit Solms doch auch an ihren guten Ruf zu denken habe.

„… und Preußen fiel – ihm nach"

TOD LOUIS FERDINANDS
UND PREUSSENS NIEDERLAGE

Die Situation Preußens im Jahre 1805

$\mathcal{D}$ie politische Lage in und um Preußen spitzte sich immer mehr zu. Die Feindseligkeiten zwischen Frankreich und England waren mit großer Heftigkeit wieder ausgebrochen. Mittelbar war auch Preußen davon betroffen, denn es zeigte sich immer deutlicher, dass sich Napoleons Machtgelüste auch auf Gebiete östlich des Rheins erstreckten. Napoleon, seit Dezember 1804 selbst gekrönter Kaiser der Franzosen, hatte unter den Fürsten deutscher Klein- und Mittelstaaten nicht wenige Anhänger, die ihm zum Teil aus sehr opportunistischen Gründen huldigten. England, Russland und Österreich hatten sich inzwischen zu einem Bündnis gegen Frankreich zusammengeschlossen. Preußen in diese Verteidigungslinie einzubinden, gelang wegen der zögernden Haltung Friedrich Wilhelms III. nicht. Der König legte trotz des immer greller werdenden Wetterleuchtens am politischen Horizont Wert darauf, die Lage so normal wie möglich aussehen zu lassen.

Im Sommer des Jahres 1805 begab sich das Königspaar zur Kur nach Sichersreuth, dem heutigen Franzensbad. Auch Friederike gesellte sich für eine Woche zu ihnen, brachte aber Nachrichten mit, die die heitere Ruhe dieser Tage trüben sollten. Prinz Solms hatte seinen Dienst in Ansbach quittiert. Aus gesundheitlichen Gründen, wie er sagte. Damit fielen auch seine Bezüge als preußischer Offizier weg und Friederike musste den ganzen aufwändigen Lebensstil aus ihren Mitteln finanzieren. Der König war empört über das Verhalten des Prinzen, zum ersten Mal wurde über Trennung gesprochen.

Dieser Gedanke wurde jedoch später wieder verworfen, Solms hatte unter Tränen Besserung gelobt.

Die politischen Ereignisse des Jahres 1805 überstürzten sich. Napoleon eilte von Sieg zu Sieg. In Ansbach herrschte eine gespannte Ruhe. Würde Napoleon die preußische Neutralität achten? Würde der preußische König irgendetwas unternehmen, um diese Neutralität auch in Ansbach und Bayreuth zu verteidigen? Fakten vermischten sich mit Gerüchten. Ereignisse wurden unterschiedlich bewertet. Kurfürst Max Joseph von Bayern hatte sich durch einen Bündnisvertrag inzwischen auf die Seite Napoleons gestellt. Der genaue Inhalt des Vertrages war unbekannt, schürte aber Ängste. Tatsächlich hatte sich der Kurfürst im Vertrag von Bogenhausen vom 25. August 1805 verpflichtet, Napoleon Truppen zur Verfügung zu stellen. Standeserhöhung und Gebietserweiterung schienen für ihn dadurch in greifbare Nähe gerückt zu sein.

Im Oktober des Jahres erreichte eine neue Schreckensmeldung Ansbach. Marschall Bernadotte, der von Napoleon eingesetzte Verwalter des Kurfürstentums Hannover, befand sich mit seiner Truppe im Anmarsch auf Ansbach. Angst und Anspannung in der Bevölkerung nahmen zu. Am Abend waren die Straßen menschenleer.

Zunächst kam ein Reiter ganz allein angetrabt, ein junger Mann in einer zerschlissenen Uniform, auf einem mageren Pferd, in der rechten Hand eine kleine qualmende Tabakspfeife. In der Ferne hörte man Trommeln wirbeln, der Schall kam näher und schon blitzten die ersten Bajonette auf. Eine merkwürdige Truppe folgte, meistens jüngere Männer, in unordentlichem Aufzuge, die Hüte kreuz und quer aufgesetzt, doch mit lachenden dunklen Augen. Wenn man dagegen an die auf Parade gedrillten preußischen Soldaten dachte, in Reih und Glied marschierend, in ihren engen, steifen Uniformen, fiel es schwer, an die Überlegenheit der althergebrachten militärischen Traditionen zu glauben. Dem lebendigen bunten Haufen folgte hoch zu Pferde ein großer Mann in einer schlichten grauen Uniform ohne Schärpe, aber mit imponierenden Epauletten, Jean Baptiste Bernadotte, Marschall von Frankreich.

Jean Baptiste Bernadotte eilte der Ruf einer ungewöhnlichen Karriere voraus. Er hatte als kleiner Rekrut angefangen, nie eine Kriegsschule besucht und war doch Marschall von Frankreich geworden. Für viele innerhalb und außerhalb Frankreichs schien er das angestrebte Ideal der französischen Revolution zu verkörpern. Nur in einem Land, das die Menschenrechte erkämpft hatte, in dem Freiheit und Gleichheit geachtet wurden, so glaubten viele, war ein solcher Aufstieg möglich. Und so wie er schienen die meisten seiner Soldaten, gleich welchen Ranges, für ihr Land zu kämpfen, aus innerer Überzeugung, ja mehr noch, aus Begeisterung!

„Es ist eine Zeit des Aufbruchs, der ganz Europa mitreißen wird, und das Ziel ist der Frieden, man muss von dem ersten Tag des Krieges an den Frieden denken ..." Friederike versuchte sich zu erinnern, wo sie dieser Worte gehört hatte. Aus weiter Ferne schien sie die Stimme de Lignes zu hören, damals auf jener Soiree bei Hardenberg. Aber der Fürst stand doch auf der anderen Seite? Sie war verwirrt.

Fluchtgedanken

Preußen geriet immer mehr in die Isolation. Die Stimmung in der Bevölkerung wurde von Tag zu Tag gedrückter und angstvoller. Die Franzosen in Ansbach waren bis jetzt friedlich. Aber wie würden sie sich verhalten, wenn man sich im Kriegszustande befände? Der Gedanke an Flucht griff immer mehr Raum. Aber wohin sollte man fliehen, nach Berlin? Oder nach Neustrelitz? Friederike kannte die kleine Residenzstadt ihrer Heimat kaum. Einige Erinnerungen an ein behagliches Schloss und den skurrilen Onkel Adolf, den damaligen Herzog von Mecklenburg-Strelitz, mehr Orientierungspunkte waren nicht vorhanden. Ihren Vater, den jetzt regierenden Herzog Karl, traf man eher in Badeorten oder in Berlin als in seiner Residenz. Er führte das Leben eines charmanten Weltmannes, liebte seine Kinder, ohne sich jedoch sonderlich um diese zu kümmern. Vor der heraufziehenden Katastrophe erschien Friederike das abgelegene Neustrelitz als idealer Zufluchtsort.

Sie würde mit Solms darüber sprechen müssen. Keine leichte Aufgabe bei seiner derzeitigen Verfassung. Solms lehnte diesen Vorschlag rundheraus ab. Er empfand es als Herabsetzung, als geduldeter Flüchtling im Hause seines Schwiegervaters leben zu müssen. Er bestand viel mehr darauf, jetzt eine Kur in Karlsbad anzutreten, um seine ruinierte Gesundheit wiederherzustellen. Ob die finanziellen Möglichkeiten hierzu ausreichten, interessierte ihn nicht. Zwei Gründe ließen Friederike letzten Endes diesem Plan zustimmen. Vielleicht würde sich der Gesundheitszustand ihres Mannes durch die andere Umgebung etwas heben, der andere, wohl gewichtigere Grund, war die Hoffnung auf ein Wiedersehen mit dem Fürsten de Ligne. Von ihm erhoffte sie sich Rat und Zuspruch.

Ein eifriges Packen begann. Stück für Stück verschwand in großen Reisekisten und Körben. In dieser hektischen Betriebsamkeit lag gleichzeitig etwas Endgültiges, als glaubte niemand, je wieder nach Ansbach zurückzukehren.

Karlsbad, in Westböhmen gelegen, galt zu dieser Zeit als eines der anziehendsten Bäder Europas. Im 14. Jahrhundert aufgrund eines Jagderlebnisses Kaiser Karls IV. gegründet, hatte es im Laufe der Zeit Symbolcharakter für gesellschaftliches Ansehen und Wohlhabenheit bekommen, Adel und gutsituiertes Bürgertum verbrachten nicht selten zwei- bis dreimal jährlich längere Kuraufenthalte hier. Das brachte Geld und verhalf zum stetigen Aufstieg und Ausbau des Kurortes. Der warme Sprudel sollte gegen Gicht und allerlei rheumatische Beschwerden helfen. Zu beiden Seiten des Flusses Tepl entstanden großzügige Hotels, kleinere Pensionen und lang gestreckte Wandelhallen. Man trank das heilende Wasser aus einer Art Schnabeltasse von feinstem Porzellan, häufig mit persönlichen Motiven oder Initialen versehen. In den Wandelhallen auf- und abgehend sah man und wurde gesehen.

Das Ehepaar Solms bewohnte eine kleine Villa am Ausgang des Ortes, direkt an der Tepl gelegen. Dieses etwas abgelegene Quartier wurde bald zum Mittelpunkt zahlreicher Nachmittags- und Abendgesellschaften. Man traf sich gern bei der Fürstin Solms. Auch Goethe war hier Gast.

Die Ruhe und Gleichförmigkeit des Badelebens wurde jäh unterbrochen. Am 9. Oktober 1806 sah sich Preußen nach Ablauf eines Ultimatums, das den Abzug französischer Truppen aus Süddeutschland gefordert hatte, gezwungen, in den Krieg einzutreten. Sachsen, Braunschweig und Sachsen-Weimar stellten sich an Preußens Seite. Die bereits formierten Heeresteile wurden in Richtung Leipzig in Marsch gesetzt, allen voran das Regiment Louis Ferdinands. In Frankreich war man zu der Überzeugung gelangt, der wankelmütige Zar Alexander habe sich nunmehr zu einem Bündnis mit Preußen entschlossen. Napoleon eilte daraufhin nach Deutschland, um mit seinen in Franken stehenden Heeresverbänden den Vormarsch des Gegners in Thüringen zum Stehen zu bringen. Der Entschlossenheit seiner Führung und der Wendigkeit seiner Truppen standen auf preußischer Seite, wo man den Oberbefehl wiederum dem greisen Herzog von Braunschweig übertragen hatte, Zerfahrenheit und Langsamkeit gegenüber. Bei einem ersten überraschenden Treffen der preußischen Vorhut mit den Franzosen bei Saalfeld am 10. Oktober fiel Prinz Louis Ferdinand. Preußen hatte einen seiner großen Hoffnungsträger verloren.

Die Trauer in der Bevölkerung war echt und aufrichtig, als sich die Nachricht von seinem Tode verbreitete. Nicht nur in Berlin, überall kam es zu spontanen Trauerkundgebungen. Man sah das Schicksal des beliebten Prinzen als düsteres Omen an.

„Prinz Louis ist gefallen
und Preußen fiel – ihm nach."

So endet Theodor Fontanes Jahrzehnte später geschriebene Ballade „Louis Ferdinand".

Die Schreckensnachricht erreichte Karlsbad am Abend des 11. Oktober und veränderte das relativ sorglose Leben nachhaltig: Kurgäste wie Einheimische sprachen leiser miteinander, das Spielkasino blieb leer, Soireen endeten zeitiger als sonst. Friederike war überrascht, ihren Mann bereits vor Mitternacht zuhause vorzufinden. Die Nachrichten vom Verlauf der Gefechte hatten ihn im Casino erreicht. Friederike glaubte auch an ihm etwas wie Niedergeschlagenheit zu bemerken, jedenfalls vermisste sie den betont schneidenden Unterton, mit dem er sonst alles, was mit Preußen zu tun hatte, verächtlich zu machen suchte. „Der Tod des armen Prinzen Louis hat uns alle in Tränen gestürzt. Hätte er nicht so viel gewagt! Er lebte noch!" klagte Friederike später in einem Brief an Georg.

Vier Tage später kam es zu weiteren verheerenden Gefechten bei Jena und Auerstedt. Der französischen Übermacht waren die preußischen Truppen nicht gewachsen. Bei Auerstedt wurde gleich zu Beginn der Herzog von Braunschweig tödlich verwundet, womit die Leitung völlig versagte, da der im Hauptquartier anwesende König sie nicht selbst zu übernehmen wagte. Hier wie dort endete der Tag mit der Niederlage der Preußen, die in panikartiger Flucht zurückströmten. Dem militärischen Versagen folgte die moralische Katastrophe. Orientierungslosigkeit und Untergangsstimmung breitete sich aus. Preußen war ausgelöscht, so empfanden es die meisten, jetzt galt es nur noch, sich selbst und vielleicht auch etwas Hab und Gut zu retten.

Auch Friederike dachte wieder an Flucht. Solms war in seine alte Passivität und Gleichgültigkeit zurückgefallen, wieder hing alles von ihr ab. In großer Eile und Unruhe entstand ein widersinniger Plan, man musste versuchen, Berlin zu erreichen. „Berlin", allein der Name erschien Friederike wie ein Rettungsanker. Mit ihren Kindern Friederike, Wilhelm und Auguste sowie einigen Bediensteten brach sie voller Hast auf. Aus mehreren ihrer Briefe geht hervor, dass Prinz Solms sich diesem kleinen Tross wohl nicht angeschlossen hatte, denn es beunruhigte sie während der Fahrt in zunehmendem Maße, dass sie von ihrem Mann „kein Wort schriftlich" habe.

Nach einer beschwerlichen Reise erreichte die Karlsbader Kutsche kurz vor Mitternacht des 16. Oktober 1806 die preußische Hauptstadt. Aber welch ein Unterschied zu der Stadt, die Friederike und Solms vor fast sieben Jahren verlassen hatten: Nicht Droschken mit elegant gekleideten Theaterbesuchern bestimmten das Bild, sondern hoch aufgetürmte Kutschen, hastende Lakaien, die noch das eine oder andere auf den Wagen befestigten, weinende Kinder und in Decken gehüllte ältere und jüngere Frauen. Es bestand kein Zweifel mehr, Berlin befand sich auf der Flucht. Jeder, der irgendwo Zufluchtsmöglichkeiten für sich sah, versuchte, aus der Stadt herauszukommen.

Die königliche Familie sei bereits abgereist oder geflohen, nach Königsberg hieß es. Niemand wusste es genau. Königsberg, die Krönungsstadt der preußischen Könige, lag hoch im Norden. Wie dort hingelangen? Und: Wo standen die französischen Truppen? Fragen, auf die es keine verlässlichen Antworten gab.

Friederike war erleichtert, als sie endlich die breite Allee „Unter den Linden", die zum Schloss führte, erreicht hatten. Aber auch hier herrschte Unruhe, Wagen wurden hin- und hergezogen, laute Rufe und Kommandos hallten durch die Nacht. Jeder versuchte sich in Sicherheit zu bringen. Im Mondlicht waren die Konturen des Schlosses zu erkennen, Friederike schossen Tränen der Freude in die Augen. Die Halle des kleinen Palais, ihrem früheren Wohnsitz, war erleuchtet. Ein Teil der Dienerschaft war noch anwesend. Die Kinder des Königspaares und Friederikes ältester Sohn Fritz Louis, der seit ihrer Vermählung mit Solms am Berliner Hofe erzogen wurde, waren mit der alten Gräfin Voß bereits nach Schwedt abgereist, wo man sich eher Schutz versprach. Mehr war zunächst nicht zu erfahren.

In aller Eile schickte Friederike noch an diesem Abend des 16. Oktober 1806 eine Nachricht nach Neustrelitz. Authentische Nachrichten seien nicht zu erhalten, hieß es darin, man könne sich nur auf das verlassen, was reisende Kaufleute mitbrächten. Die allgemeine Unsicherheit war groß. „Der feste Entschluss des Königs, den 14ten den Feind aufzusuchen und anzugreifen, versetzt uns in größte Herzensangst, er brach den 13ten schon auf ... Übrigens soll Bonaparte mit allen Kräften daran arbeiten, nach Berlin zu kommen, wie er nach Wien kam ... Soeben Nachricht durch Stafette, dass die Königin morgen Abend hier ankommt. Sie geht über Rathenow ... Gottlob, Halleluja!"

Friederikes Kinder, die Tochter Friederike aus erster Ehe

und die beiden Solmsschen Kinder Wilhelm und Auguste, wurden am nächsten Tag in aller Frühe mit einer Hofdame nach Schwedt vorausgeschickt. „Die Kinder sind alle fort", hieß es in dem noch am 17. Oktober an Georg abgesandten Brief und weiter: „Von meinem Mann keine Nachricht." Friederike wartete die Ankunft der Königin ab. Königin Luise war am 11. Oktober 1806 von dem Hauptquartier in Naumburg, wohin sie den König begleitet hatte, über Weimar, Sömmerda und Rathenow nach Berlin aufgebrochen, wo sie am 17. Oktober um sieben Uhr abends eintraf. Trotz aller Wiedersehensfreude drängte Luise zur Eile. Sie brachte beunruhigende Nachrichten mit: Die Festung Erfurt hatte kapituliert. Napoleon war bereits in Weimar. Französische Truppen marschierten auf Halle zu. Man kam überein, zunächst auch bis Schwedt zu fahren, der Norden war noch frei. Von dort aus würde man versuchen, weiter nach Stettin und vielleicht noch weiter bis nach Königsberg zu gelangen. Weiter, weiter, weiter! In Friederikes Kopf begann es zu hämmern.

„Man muss der Nation Selbstständigkeit einflößen"

IM OSTPREUSSISCHEN EXIL

Aufbruch nach Königsberg

Am nächsten Tag, dem 18. Oktober 1806, brach man in aller Frühe auf. Reisekörbe wurden aufgepackt, wieder begann eine Fahrt ins Ungewisse. In der Kutsche war kaum Platz für vier Personen, jetzt teilten sich fünf den engen Raum. Luise und Friederike wurden begleitet von ihren Schwägerinnen Wilhelmine, Mitbewohnerin im Schönhauser Schloss, Marianne, Gemahlin des jüngsten Königsbruders Wilhelm und Luise Radziwill, der Schwester Louis Ferdinands. Es regnete in Strömen, dazu pfiff ein kalter Wind. Durch die Ritzen des Kutschenverdecks drang Feuchtigkeit, Reisedecken und Kleidung wurden klamm.

Luise war erkältet und fieberte leicht. Sie bestand aber weiter auf ihrem Plan, sich in Schwedt von den Übrigen zu trennen und zu versuchen, nach Küstrin zu gelangen. Dort wartete der König auf sie. Alle Einwände fruchteten nichts.

Die Fahrt gestaltete sich mühsam, häufig blieb die Kutsche in dem aufgeweichten Boden stecken. Immer mehr Wagen und Fußgänger drängten sich auf der Straße nach Schwedt. Endlich wurde in der flachen Landschaft der Turm des Schwedter Rathauses sichtbar. Am späten Nachmittag traf eine erschöpfte, durchnässte und frierende Reisegesellschaft in Schwedt ein. Auch hier spürte man allenthalben eine zunehmende Unruhe. Das Militär, zunächst nach Sachsen beordert, wurde wieder hier zusammengezogen. Immer unübersehbarer wurde die Menge der Schutzsuchenden an den Stadttoren. Der Krieg war über Preußen hereingebrochen.

Für Luise gab es ein Wiedersehen mit ihren Kindern, eine schmerzvolle Begegnung, weil allen die Trennung am nächsten Tag vor Augen stand. Der fünfjährige Karl, der dritte Sohn des Königspaares, kränkelte, eine zusätzliche Beunruhigung für die Mutter. Friederike schloss ihren ältesten Sohn, den zwölfjährigen Fritz Louis, nach langen Jahren der „Ansbacher Verbannung" wieder in die Arme. Erwachsen und sehr fremd kam er ihr vor. Am nächsten Tag trennten sich die Schwestern schweren Herzens voneinander. Die Ereignisse zehrten besonders an Luises Kräften. Böse Ahnungen stellten sich bei allen Beteiligten ein. Friederike brach mit Familie, Nichten, Neffen und Personal nach Stettin auf, um nach kurzer Rast von dort weiter nach Königsberg zu gelangen. Dort endlich erhoffte man sich Sicherheit. Aber in Königsberg wütete der Typhus. Schon von weitem sah man Rauchschwaden vor den Wällen rund um die Stadt aufsteigen. Die Bevölkerung verbrannte ihre Toten, um der Ansteckungsgefahr Herr zu werden – bis jetzt vergeblich.

Friederike war im vierten Monat schwanger. Unter den jetzigen Bedingungen würde wahrscheinlich auch dieses Kind nicht überleben. Sechs ihrer zehn Kinder hatte sie bereits durch frühen Tod verloren. Glücklicherweise hatte sie in Königsberg durch verwandtschaftliche Vermittlung eine großzügige und bequeme Unterkunft in dem Stadtpalais des Grafen Schlieben gefunden. Die obere Etage wurde den Kindern und dem Personal zugewiesen. Die erste Etage bestand aus mehreren luxuriös eingerichteten Wohnräumen und einer Art kleinem Ballsaal oder Empfangsraum. Friederike schmiedete vorsichtig Pläne. Vielleicht könnte man zu Sylvester Einladungen verschicken? Ihre Gedanken eilten weit voraus.

Täglich trafen neue schlechte Nachrichten in Königsberg ein. Napoleon stürmte von Sieg zu Sieg. Die preußischen Truppen lösten sich fast von selbst auf. Die Soldaten flohen, ungeordnet und unkontrolliert, meistens nach Norden. In Königsberg nahm die Zahl der Bettler täglich zu.

Napoleon in Berlin

Am Nachmittag des 27. Oktober 1806, einem hellen freundlichen Herbsttag, zog Napoleon in Berlin ein. Eine genaue Schilderung der Gräfin Schwerin erreichte wenig später Königsberg: „Napoleon kam durch das Brandenburger Tor, voran zog eine Schar Mamelucken, dann eine Abteilung der Garde, er selbst ritt umgeben von seinen Marschällen in Berlin ein. Der ganze Zug war ein prachtvoller und ungewohnter Anblick. Großes Erstaunen erregte die Mameluckenschar, in türkischer Tracht mit sichelförmigen Säbeln, deren Schneide einwärts gekehrt war. Und erst die Garden! Gut gewachsene große Männer zu Pferde mit hohen Bärenfellmützen und roten Federbüschen, in weißer Lederkleidung mit Aufschlägen und langen Degen in der Hand. Die Berliner Bevölkerung empfing die Truppen nach anfänglichem Zögern mit Jubel. Zunächst vereinzelt, dann immer mehr anschwellend waren Hochrufe zu hören: ‚Vive l'empereur! Es lebe der Kaiser!'"

Napoleon, hoch zu Ross, lächelte, aber seine Augen blieben ernst und kühl. Langsam bewegte sich der Zug „Unter den Linden" entlang dem königlichen Schlosse zu. Hier nahm der Sieger zunächst einmal Quartier. Gegenüber, im Lustgarten, lagerten die ganze Nacht hindurch unter freiem Himmel verschiedene Abteilungen der Garde. Die lodernden Feuer schienen die ganze Stadt zu erleuchten, allein die Fassade des Schlosses hob sich düster von dem roten Schein ab.

„Der König hat eine Schlacht verloren. Ruhe ist die erste Bürgerpflicht!" Diese Botschaft hatte der zum Stadtkommandanten bestellte Graf von der Schulenburg den Berlinern hinterlassen, bevor er eilig die Stadt verließ. Diese Aufforderung wäre nicht nötig gewesen. Briefe, die nach Königsberg gelangten, berichteten von der Bewunderung für die Sieger und der Unterwürfigkeit der Besiegten. „Es war", schrieb die Gräfin Schwerin, „als ob alles Schöne, alles Edle und Große plötzlich von der Erde gewichen sei; als ob ein feiger, gemeiner Geist des Eigennutzes die Welt regiere. Er hieß Hochmut und Übermut für den Sieger, Schmeichelei und Vergötterung ihrer Ketten für die Besiegten."

Eine Hiobsbotschaft folgte der anderen. Am 28. Oktober ergaben sich die Reste des Korps Hohenlohe in Prenzlau; 16 000 preußische Soldaten gerieten in Gefangenschaft. Am 29. Oktober kapitulierte die Festung Stettin; in die Hände der Franzosen fielen 6000 Soldaten und 160 Kanonen. Einer der wenigen Lichtblicke war die Verteidigung Kolbergs unter Major Gneisenau, an dem viele ihre enttäuschten Hoffnungen aufrichteten. Im Oktober 1806 muss auch Solms wieder zu den Flüchtlingen in Königsberg gestoßen sein. In Briefen Luises und Friederikes ist von seinen bekannten Leiden die Rede. Sonst hatte er sich wohl nicht verändert. Angesichts der wenigen preußischen Siege sprach er verächtlich von ein paar „kleinen Kriegshelden", die den Untergang Preußens auch nicht mehr aufhielten. Die französischen Truppen seien an Kampfgeist und Taktik den „Drillsoldaten" Friedrichs des Großen weit überlegen. Mit solchen Bemerkungen hatte er sich viele Feinde gemacht. Die gute alte preußische Ordnung in Frage zu stellen, galt in Militärkreisen als Vaterlandsverrat. Jeder Zweifel an den militärischen Traditionen stempelte den Betreffenden zum „Franzosenknecht".

Auch aus Neustrelitz drangen beunruhigende Nachrichten in das ostpreußische Exil. Nach der Schlacht bei Jena und Auerstedt waren Ende Oktober zunächst die Preußen und dann die sie verfolgenden Franzosen durch Gebiete des Herzogtums gezogen. Am 31. Oktober rückten dann die Franzosen unter Marschall Bernadotte in Neustrelitz ein. Der General selber hatte im Schloss Quartier genommen, seine Truppen wurden auf die Stadt verteilt. Obwohl die Einquartierungen im Wesentlichen glimpflich verliefen, war die Sorge vor der weiteren Entwicklung groß. Viele junge Männer dachten daran, das Land zu verlassen, um dem „Vaterlande" in Preußen zu dienen. Königin Luise setzte sich in einem Brief an ihren Mann für die Aufnahme ihres Bruders Carl und weiterer mecklenburgischer Adliger in die preußische Armee ein.

Die Typhusepidemie in Königsberg ebbte nicht ab. Große Sorge bereitete der Zustand des Prinzen Karl. Das Fieber stieg von Stunde zu Stunde und der geschwächte Körper des Kindes verfügte kaum noch über Kraftreserven. Endlich gelang es, eine Stafette nach Memel in Gang zu setzen, um den Arzt Hufeland nach Königsberg zu holen. Auf seine Ankunft richteten sich die verzweifelten Hoffnungen. Sie wurden nicht enttäuscht. Hufeland gelang es, durch eine ungewöhnliche Behandlung das Kind zu retten. Die von ihm verordneten heißen und kalten Wechselbäder hatten die Abwehrkräfte des Jungen so gestärkt, dass das Fieber sank und Karl allmählich wieder zu Kräften kam. Alle empfanden Erleichterung. Man wusste, wie sehr die Königin an ihren Kindern hing.

Über den genauen Aufenthalt des Königspaares herrschte im November 1806 selbst bei der Familie Ungewissheit. Der Verlauf der feindlichen Linien schwankte, die Kurierpost war häufig unterbrochen. Vermutet wurde, dass beide Küstrin verlassen hatten und sich auf der Flucht nach Norden befanden.

Der größte Teil Preußens war von französischen Truppen besetzt. Um nun auch eine schnelle Entscheidung über das weitere Schicksal Russlands herbeizuführen, bereitete Napoleon den weiteren Vormarsch in Richtung Weichsel vor. Unter den Flüchtlingen in Königsberg wuchs die Sorge. Am 9. Dezember traf Königin Luise schwer erkrankt dort ein. Hufeland stellte auch bei ihr Typhus fest. Ihr Leben war in Gefahr. Der König hielt sich in Osterode, etwa 120 Kilometer von Königsberg entfernt, auf. Er hatte von dort aus versucht, den Krieg durch Friedensangebote an Napoleon zu beenden. Erst als diese Verhandlungen scheiterten, entschied sich Friedrich Wilhelm für die Fortführung des Krieges an der Seite Russlands. Der Glaube an die unverbrüchliche Treue des Zaren sollte sich für Preußen als verhängnisvolle Fehleinschätzung herausstellen.

Zwei Ereignisse hoben zunächst die Stimmung in Königsberg. Die Gesundheit der Königin stabilisierte sich wider Erwarten. Kurz vor Weihnachten war sie außer Gefahr. Zum anderen traf auch der König mit beruhigenden Nachrichten in Königsberg ein. Der Zar, so hieß es, ziehe starke russische Kräfte in Polen zusammen, um den Zug Napoleons nach Norden aufzuhalten.

Der Jahreswechsel wurde ausgelassen gefeiert. Man machte Pläne für die Rückkehr nach Berlin. Friederike entnahm den Äußerungen des Königspaares, dass auch sie und ihre Familie wieder in den Berliner Hofkreis einbezogen werden sollten. Und sie hegte noch eine weitere Hoffnung. Der König schien nicht abgeneigt, Prinz Solms wieder in den militärischen Dienst aufzunehmen und ihn vielleicht sogar zu befördern. Eine Stärkung seiner seelischen Verfassung und damit auch eine Lösung familiärer Probleme lagen zum Greifen nahe. Zum ersten Mal seit langer Zeit erschien die Zukunft wieder heller und freundlicher.

Neue Nachrichten von der Front trübten die heitere Stimmung bald. Die russischen Truppen zogen sich vor dem starken französischen Ansturm zurück. Königsberg war unmittelbar bedroht. Bei eisiger Kälte floh das Königspaar mit seinen Kindern nach Memel, dem letzten Zufluchtsort innerhalb Preußens. Solms lehnte es strikt ab, sich mit seiner Familie den Flüchtenden anzuschließen. Er wolle dort keinen Holzhandel eröffnen, hatte er mit feindseliger Stimme erklärt. Aber auch Friederike schwankte. So ganz Unrecht hatte Solms nicht. Memel zählte ungefähr 5000 Einwohner, war durch regen Holzhandel mit England zu einem gewissen Wohlstand gelangt, bot aber wenig gesellschaftliche Abwechslung. Tonangebend war der Kaufmannsstand. Sie würde die vielfältigen Einladungen vermissen, die anregenden Teeabende bei dem achtundsechzigjährigen Oberbefehlshaber des preußischen Korps in Ostpreußen, General Anton Wilhelm L'Estocq. Immer war in seinem Königsberger Haus eine bedeutende Persönlichkeit zugegen. Und dann ließ auch ihre bevorstehende Niederkunft Königsberg als Aufenthaltsort geeigneter erscheinen als das ländliche Memel. Aber das war nur ein vorgeschobener Grund. Solms hatte Recht, sie würden beide ihre gesellschaftlichen Kreise vermissen.

Französische Truppen stießen trotz extremer Witterungsbedingungen immer weiter nach Norden vor. Das gesamte Land lag unter einer meterhohen Schneedecke. Schneeverwehungen und vereiste Wege erschwerten das Fortkommen. Preußische Truppen wurden südöstlich von Königsberg zusammengezogen. Alle Gespräche in der Stadt kreisten um die zu erwartende Schlacht gegen Napoleon. Die Stimmung schwankte zwischen Siegeszuversicht und Schicksalsergebenheit. Die einen stützten sich auf die ebenfalls in scheinbar aussichtslosen Situationen gewonnenen Schlachten Friedrichs des Großen bei Hohenfriedberg oder Leuthen, die anderen reihten Napoleons Erfolge in endloser Kette aneinander und verfielen in dumpfe Lethargie.

Im Hause L'Estocq verkehrte seit kurzer Zeit ein verschlossen wirkender, etwa fünfzigjähriger Herr von gerader, fast steifer Haltung und auffallend wachen Augen, Oberst von Scharnhorst. Man wusste nicht viel über ihn. Er stammte aus einfachen Verhältnissen im Hannoverschen, hatte seine jetzige Stellung eigenen Leistungen zu verdanken und setzte sich mit Vehemenz und Hartnäckigkeit für eine Umgestaltung des preußischen Heerwesens ein. Der König schätzte ihn sehr und hatte ihn zur Unterstützung L'Estocqs in das militärische Hauptquartier nach Königsberg beordert.

Scharnhorst, obwohl kein glänzender Redner, verstand es, durch seinen ruhigen sachlichen Vortrag, das Interesse seiner Zuhörer zu wecken. Er dämpfte die Erwartungen auf einen schnellen Sieg über Napoleon. Auch wenn es dieses eine Mal gelingen sollte, so betonte er immer wieder, werde sich Preußens Schicksal dadurch nicht entscheiden. Viele Schlachten würden folgen. Eine dauerhafte Befriedung sei nur durch tiefgreifende Reformen möglich. In einem Brief an Carl von Clausewitz, einem Vertrauten aus der gemeinsamen Zeit auf der Kriegsschule, fasste er seine Gedanken zusammen: „Es gibt meiner Ansicht nach nur einen Erfolg versprechenden Weg, man muss der Nation Selbstständigkeit einflößen ..., nur erst dann wird sie sich selbst achten und von anderen Achtung zu erzwingen wissen. Darauf hinzuarbeiten, dies ist alles, was wir können." Er stellte sich eine Art „Volk in Waffen" vor. Denn wie sollte ein angeworbener Söldner Begeisterung für eine nationale Sache aufbringen? Wie konnte ein Soldat Leistungen erbringen, der nur schlecht oder gar nicht ausgebildet war und nur aus Angst vor Strafe parierte? Wie sollte jemand ehrlichen Respekt vor einem Offizier haben, der seine Stellung lediglich seiner Geburt verdankte? Preußen brauchte, davon war Scharnhorst überzeugt, eine Armee, die an militärischen Bildungsanstalten in allen Disziplinen, nicht nur in militärischen, gut ausgebildet war und sich auf ihr Können verlassen konnte. Dazu brauchte man sorgfältig ausgewählte Offiziere, die verantwortungsbewusst und fähig waren, große Abteilungen zu leiten.

Im Februar 1807 kam es zu der erwarteten blutigen Auseinandersetzung bei Preußisch-Eylau, die unentschieden aber mit hohen Verlusten auf beiden Seiten ausging. Zum ersten Mal hatte Napoleon keinen Sieg errungen. Er änderte daraufhin seine Strategie. Sein Ziel war nun, zunächst den preußischen König zum Abfall vom Zaren zu bestimmen. Der eilends in das nach Memel verlegte preußische Hauptquartier entsandte Bote kehrte mit ernüchternden Nachrichten zu Napoleon zurück: Die Treue des Preußenkönigs sei durch nichts zu erschüttern. Diese Einschätzung schien, durch ein erneuertes russisch-preußisches Schutz- und Trutzbündnis bestätigt zu werden. Doch die großen Hoffnungen, die sich an dieses Bündnis als Kern einer europäischen Befreiungsbewegung zur Abschüttelung der französischen Herrschaft geknüpft hatten, erfüllten sich nicht. Die nächste russische Niederlage bei Friedland bewirkte einen erneuten Stimmungsumschwung Zar Alexanders. Er beeilte sich, Napoleon Friedensangebote zukommen zu lassen.

Der „Patient" Solms

Am 12. März 1807 hatte Friederike einen gesunden Sohn geboren, Prinz Alexander Friedrich Ludwig zu Solms-Braunfels. Eine langwierige, sich über achtundvierzig Stunden hinziehende Geburt, aber Friederike berichtete am 29. März glücklich nach Strelitz: „Nun ist es überstanden, und Gott hat mich dafür belohnt, in dem er mir den Anblick eines außerordentlich großen, schönen, gesunden Knäbleins gewährte." Im gleichen Brief war aber auch wieder von den üblichen Problemen die Rede: „Mein armer Mann ist noch immer leidend ... er leidet an Magenkrämpfen, die ihn zum Dienst bis jetzt noch ganz untauglich machen." Auch Krämpfe an Händen und Füßen plagten ihn. Aus diesen Gründen habe er die Entbindung nicht selbst anzeigen können. Kein Vorwurf, keine Klage, nur ein Zustandsbericht. Persönliche Planungen und Zukunftsvorstellungen wurden ohnehin immer mehr von der bedrohlichen Lage Preußens überschattet. Bedrückend war nach wie vor auch die Situation in Königsberg. „Wir haben noch immer über 12 000 Verwundete hier, sowohl Preußen als Franzosen. Dieses Blut zu sehen, ist wohl das scheußlichste Bild, was man sich denken kann", schreibt Friederike im April 1807 an Georg.

Ganz unerwartet riss der dunkle Wolkenhimmel für Friederike etwas auf. Die Königin kam nach Königsberg. Luise hatte ihren Mann in das russische Hauptquartier nach Bartenstein begleitet und reiste nun von dort aus in das hundert Kilometer nördlich gelegene Königsberg. Die Wiedersehensfreude der Schwestern war groß, vor allen Dingen deshalb, weil der Besuch einen privaten Charakter hatte. Luise residierte nicht in dem finsteren Königsberger Schloss, sondern ganz familiär im Hause ihrer Schwester. Aus dem ursprünglich als Zwischenstation auf dem Weg nach Memel geplanten Besuch wurde ein Aufenthalt von zwei Monaten. Der Tagesablauf ähnelte dem in Berlin. Man schlief lange, fuhr aus und gab abendliche Gesellschaften, die durch die Anwesenheit der Königin zusätzliche Anziehungskraft gewannen. Und doch fiel ein Schatten auf diese heitere Zeit.

Der Gesundheitszustand des Prinzen Solms verschlechterte sich zusehends. Nicht nur körperliche, sondern seelische Leiden waren nach Ansicht der Ärzte die Hauptursache. Immer wieder ist in den Briefen Luises aus Königsberg von diesen Problemen die Rede. Solms sei ziemlich leidend und zudem „dick, fett und rot", teilte sie ihrem Mann am 14. April 1807 mit. Und zwei Wochen später heißt es, ebenfalls in einem Brief an ihren Mann: „Meine Schwester .... hat mir einen traurigen Auftrag gegeben, nämlich über den Gesundheitszustand ihres Gatten zu reden. Es ist nicht zu leugnen, dass der arme Fürst Solms in der traurigsten Verfassung ist, die man sich denken kann. Andauernde Krämpfe lassen ihm Tag und Nacht keine Ruhe, und was das Schlimmste ist: Wenn die Krämpfe nicht in den Händen sind, ziehen sie sich nach dem Kopfe, der Kopf verwirrt sich dann etwas und wird mehr oder weniger angegriffen. Düstere Melancholie, Tränen und Geschrei sind die Folge, und oft kann er gar nicht sprechen. Häufig glaubt man, dass er sterben wird ... Die Arzte haben beschlossen, dass er ein Bad benutzen soll. Das einzige Mittel, ihn wiederherzustellen." Auch eine Rangerhöhung außer der Reihe oder die Verleihung des Ordens „Pour Le Mérite" wurde erwogen, denn das wäre „ein Trost für ihn in seinem jetzigen Zustand, da es ein Beweis deiner Anerkennung und deines Gedenkens wäre".

Im Mai gab Friedrich Wilhelm den eindringlichen Bitten der beiden Schwestern nach und beförderte den Prinzen zum Oberstleutnant. „Prinz Solms ist im siebenten Himmel. Ich küsse dir dafür die Hand", heißt es in einem Brief Luises an Friedrich Wilhelm vom 20. Mai 1807. Diese Anerkennung bewirkte tatsächlich eine erhebliche Besserung von Solms seelischem Gleichgewicht. Weitere Heilung erhoffte er sich von einer Kur in Karlsbad. Es kümmerte ihn wenig, dass diese Reise, noch dazu mit einem Neugeborenen, sehr beschwerlich sein würde. Die schwierige finanzielle Planung überließ er, wie so oft, seiner Frau. In gedrückter Stimmung wurde wieder gepackt.

Luise reiste am 10. Juni 1807 nach Memel ab. Der Abschied war schmerzlich, die Zeit bis zu einem Wiedersehen wagte niemand abzuschätzen. Zwei Tage später, am 12. Juni, brachen Friederike und Prinz Solms mit ihren Kindern Wilhelm, Auguste und Alexander nach Karlsbad auf. Die Sorge um die Finanzierung dieses Aufenthaltes beunruhigte Friederike zunehmend, denn mindestens drei Monate Kuraufenthalt hatten die Ärzte dem Patienten Solms angeraten.

In Karlsbad vertrieb sich eine illustre Gesellschaft die Zeit. Hier war man unter sich, fern vom Krieg, von Plünderungen, Verwüstungen und menschlichem Elend. Goethe war anwesend, zeitweilig auch Herzog Karl August von Weimar, der bekannte Publizist Friedrich von Gentz und, zu Friederikes großer Freude, der Fürst de Ligne. Der inzwischen zweiundsiebzigjährige Fürst war nach wie vor eine der eindrucksvollsten Persönlichkeiten in der Gesellschaft von Aristokraten, Schriftstellern, Künstlern und Diplomaten. Bildung und Erfahrung, Stil und Eleganz machten ihn zu einem begehrten Gesprächspartner. De Ligne, geübt im Umgang mit Geldsorgen, erkannte die Nöte Friederikes auch unausgesprochen und lud sie und ihre Familie in den nicht weit entfernten Badeort Teplitz ein. Die Familie des Grafen Clary-Aldringen, durch Eheschließung mit den de Lignes verwandt, besaß dort große Ländereien. Die kostenlose Unterkunft in einem der hübschen Kavaliershäuser am Rande des Schlossparks bedeutete eine erhebliche Entlastung für die Solmsschen Finanzen.

Trotz aller Vertrautheit stellte sich das alte Verhältnis zwischen Friederike und dem Fürsten nicht wieder ein. De Ligne verhielt sich abwartend und auch Friederike zögerte. „Wohl ist der Fürst ein großer Wohltäter an uns", schrieb sie ihrer ältesten Schwester Charlotte nach Hildburghausen, „aber ich weiß nicht, was mich davon abhält, so zu tun, wie ich möchte, und wie es wohl von mir erwartet wird." Wahrscheinlich waren es sehr konkrete Gründe, die Friederike von einer erneuten engen Bindung abhielten. Sie hoffte auf eine baldige Rückkehr nach Berlin. Einen ständigen Aufenthalt im böhmischen Teplitz mochte sie sich nicht vorstellen. Nach dem Tode des Fürsten wäre sie auf die Gutwilligkeit seiner Verwandten angewiesen – ein beängstigender Gedanke. Sie hatte gelernt, ihr Leben in eigene Hände zu nehmen, trotz aller Liebenswürdigkeit.

Das Königspaar hielt sich weiter in Memel auf und die bruchstückhaften Nachrichten von dort waren erschreckend. Gerüchte und Tatsachen waren schwer zu unterscheiden. Unruhe machte sich breit. Als verlässlichster Nachrichtenübermittler galt Friedrich von Gentz, obwohl ihm ein gewisser Ruf der Zwielichtigkeit vorausging. Er wechselte zwischen Prag und den böhmischen Bädern Karlsbad und Teplitz hin und her, nannte sich selbst einen „privilegierten Müßiggänger", einen „elenden Grillenfänger, der nichts mehr bewirken kann", verfügte aber über ein fest gefügtes Beziehungsgeflecht, das ihm auch Zugang zu geheimen Informationen verschaffte. Seine eigenartige Redeweise unterstützte in den Augen vieler die Glaubwürdigkeit seiner Auskünfte: Er sprach zunächst sehr ruckweise mit sprunghaften Wendungen, seine Sprache wurde dann immer lebendiger und häufig endeten seine Ausführungen mit einem überraschenden Gedankengang.

Von ihm erfuhr eine verwirrte Zuhörerschaft, wie ernst die Lage des preußischen Staates zur Zeit war. Napoleon und Zar Alexander waren unmittelbar im Begriff, in Tilsit einen Vertrag zu unterschreiben, der Preußen auf ein Drittel seines Staatsgebietes zusammenschrumpfen lassen sollte und es damit zu einer zweit- oder gar drittklassigen Macht innerhalb Europas degradieren würde. Der König habe seine Frau in das militärische Hauptquartier nach Piktupönen, etwa fünf Kilometer nordöstlich von Tilsit gelegen, kommen lassen. Dem Vernehmen nach solle sie in einem persönlichen Zusammentreffen versuchen, Napoleon umzustimmen. „Und so ist die Königin von Preußen das einzig wahre Lebenselement, das diese absterbende Monarchie noch zusammenhält", so fasste Gentz seine Mitteilungen zusammen, „die einzige große Dekoration, die ihr ein gewisses äußeres Ansehen verleiht."

Er glaubt nicht an den Erfolg dieser Unterredung, schoss es Friederike durch den Kopf. Gentz behielt Recht. Der demütigende Bittgang der Königin hatte nichts bewirkt. Der Vertrag von Tilsit kam zustande. Preußen hatte sich allen Bedingungen zu fügen. Alle westlichen Provinzen gingen verloren und wurden dem neuen Königreich Westfalen unter Napoleons Bruder Jérome eingefügt. Östliche Besitzungen erhielt das zum Königreich erhobene Kurfürstentum Sachsen als Belohnung für seinen Übertritt zu Napoleon. Das Heer wurde erheblich verkleinert, das verbliebene preußische Gebiet blieb weitgehend unter französischer Besatzung.

Friederike quälte die Frage ihres zukünftigen Unterkommens. Preußen gab es faktisch nicht mehr, Berlin war französisch. Es blieb also nur die Möglichkeit, das Angebot des Vaters anzunehmen, und sich vorerst mit Familie in Neustrelitz niederzulassen, dem einzig sicheren Zufluchtsort. „Ich bitte Sie also", schrieb sie am 8. Oktober 1807 an ihren Vater, „wenn ich hier gehe, dass ich meine Leute und meine Kinder verköstigen darf, wenn Sie so gnädig sind, mich in Ihrem Palais wohnen zu lassen, wozu ich nur bitte, mir das nötige Holz zu geben." Die Kinder waren der Familie in Neustrelitz bereits in einem Brief vom 5. August vorgestellt worden: „Wilhelm: ist immer geistreich und von herrlichem Herzen, Auguste sehr hübsch und echt lieblich, Alexander: prächtig und vielversprechend. Die zwei Zurückgelassenen erfüllen, was sie versprechen, und ziehen mich mächtig an." Friedrich und Friederike, die beiden Kinder aus der Ehe mit Ludwig, waren bei der Königsfamilie in Memel geblieben.

Prinz Solms war inzwischen weitgehend genesen, ging tagelang auf die Jagd, wie aus Friederikes Briefen hervorgeht, und hoffte auf eine neue militärische Verwendung. Nur widerwillig fügte er sich einer Übersiedlung nach Neustrelitz.

So alt wie Preußen, aber auch so prächtig?

DAS HERZOGTUM MECKLENBURG-STRELITZ

Abreise nach Neustrelitz

*B*eim Abschied von Teplitz flossen auf allen Seiten Tränen. Friederike war Teil einer lebhaften, heiteren Gesellschaft geworden, zu der neben dem Fürsten de Ligne auch dessen Tochter und deren Familie gehörten sowie eine ständig wechselnde Anzahl weiterer Persönlichkeiten. Teplitz schickte sich an, Karlsbad den ersten Rang unter den böhmischen Bädern streitig zu machen. Die Freude auf ein baldiges Wiedersehen mit Vater und Bruder konnte nicht darüber hinwegtäuschen, dass man die Weltläufigkeit eines Kurortes in der kleinen Residenzstadt Neustrelitz vermissen würde.

Eine weitere Schwierigkeit hatte die Planung der Reiseroute dargestellt. Am besten schien es zu sein, möglichst lange Strecken durch unbesetztes oder neutrales Gebiet zurückzulegen. Geklärt werden musste auch, welche Reisewagen genutzt werden konnten. Preußische Equipagen standen nicht zur Verfügung. Die etwas klapprige rosa Kutsche des Fürsten de Ligne konnte ernsthaft nicht in Betracht gezogen werden, also blieb nur die Fahrt mit einer Mietkutsche.

Es wurde eine beschwerliche Reise. Friederike, Friedrich von Solms und die drei Kinder, Wilhelm, Auguste und der sechs Monate alte Alexander, brachen Anfang November auf. Die Route führte zunächst nach Dresden. Von dort aus wollte man versuchen, über Cottbus und Küstrin an der Oder entlang, unter Umgehung Berlins, nach Mecklenburg zu gelangen. Die kleinen Kinder litten unter der Enge. Die Straßen waren durch tagelange Regenfälle aufgeweicht, der Wagen blieb häufig stecken und verlängerte so die Reisezeit. Erleichterung stellte sich ein, als die Kutsche endlich das Stadtgebiet von Neustrelitz erreicht hatte. Friederike nahm zum ersten Mal die Stadt und das Herzogtum, dessen Namen sie durch Abstammung trug, bewusst wahr.

Mecklenburg-Strelitz war genauso alt wie das benachbarte Preußen, also im Jahre 1807 einhundertsechs Jahre. Während aber der erste König von Preußen sich 1701 in Königsberg selbst gekrönt hatte, um auf diese Weise seinen europäischen Machtanspruch anzumelden, war die Gründung von Mecklenburg-Strelitz nur durch die Teilung eines kleinen Teils in noch kleinere Teile zustande gekommen. Mecklenburg war im Laufe seiner Geschichte dreimal geteilt worden. Seit 1621 gab es Mecklenburg-Schwerin und Mecklenburg-Güstrow. Diese Linie starb 1695 aus. Der daraufhin ausgebrochene Erbfolgekrieg wurde durch den Hamburger Vergleich von 1701 beendet. Von da an existierte neben Mecklenburg-Schwerin die Linie Mecklenburg-Strelitz.

Die Neustrelitzer Residenz

Die Herzöge von Mecklenburg-Strelitz residierten zunächst in der zum Stadtschloss ausgebauten Wasserburg in Strelitz. Im Oktober 1712 brannte dieses Schloss bis auf die Grundmauern nieder. Glücklicherweise hatte der damals regierende Herzog Adolf Friedrich III. bereits 1710 seine Residenz in das auf einer Anhöhe am Zierker See gelegene kleine Jagdschloss Glieneke verlegt und den „hochfürstlichen Kunstgärtner" Christoph Julius Löwe aus Braunschweig beauftragt, das Jagdschloss zur herzoglichen Residenz umzubauen. Der geplante Wiederaufbau des alten Schlosses scheiterte nicht zuletzt an der Weigerung der Strelitzer, die geforderten Hand- und Spanndienste zu leisten. Das Gelände wurde später planiert und an der Stelle des Schlosses 1796 ein Zuchthaus errichtet. Adolf Friedrich III. entschloss sich nach anfänglichem Zögern, die Ansiedlung um das Glieneker Schloss zu fördern. Wieder wurde

Löwe beauftragt, diesmal mit der Planung einer neuen Stadt: Neustrelitz.

Löwe hatte eigenwillige Vorstellungen. Planungsmittelpunkt sollte nicht das Schloss sein, sondern ein etwa 74 Meter hoher Lehmhügel. Auf diesem legte er den Marktplatz an, ein 120 × 120 Meter großes Quadrat, von dem acht Straßen sternförmig in alle Himmelsrichtungen abgingen. Für den Bau der Häuser gab es strenge Auflagen. Zweigeschossig hatten alle Häuser am Markt zu sein, die übrigen eingeschossig. Aus Brandschutzgründen war ein Abstand zwischen den Häusern zwingend vorgeschrieben. Das Anwachsen der Bevölkerung vollzog sich relativ langsam. Im Jahre 1754 hatte Neustrelitz 1619 Einwohner, im Jahre 1800 hatte sich die Zahl auf 3614 erhöht. Erst ab 1820 war ein stärkerer Anstieg zu verzeichnen. Der Charakter der neuen Ansiedlung blieb aber der einer ländlich geprägten Beamtenstadt. Der Hof war der größte Arbeitgeber. Dem Haushaltsplan der Stadt Neustrelitz von 1800 ist zu entnehmen, dass knapp die Hälfte der Einnahmen aus Akzise, Pacht und Zoll für die Gehälter der Beamten und Verwaltungsbediensteten veranschlagt werden musste.

Im Jahre 1752 war Adolf Friedrich III. verstorben. Ihm folgte sein Neffe Adolf Friedrich IV., der später als Fritz Reuters „Dörchläuchting" einen größeren Bekanntheitsgrad erreichte. Allerdings bleibt das Bild Adolf Friedrichs IV. durch diese literarische Darstellung etwas einseitig. Es ist sicher zutreffend, dass es ihn vor der Arbeit, vor Hexen, vor Gewittern grauste und dass er den „grötesten Grugel vör alle Frugenslüd" hatte; er blieb zeitlebens unverheiratet. Weniger bekannt ist jedoch, dass er ein sehr kunstsinniger Herrscher war, der sich durch zahlreiche Reisen, vor allem nach Frankreich, erhebliche Kenntnisse in Architektur und Kunstgeschichte angeeignet hatte. Unter seiner Regentschaft begann die eigentliche Neugestaltung des Schlosses nach französischen Vorbildern. Die ersten Anbauten waren die beiden Seitenflügel, die dem Schloss eine typische U-Form verliehen. Die Höhe blieb zunächst zweigeschossig, später wurde ein drittes Geschoss errichtet. Im Inneren dominierten klar gegliederte Räume. Im Ostflügel des Erdgeschosses befand sich die wertvolle Bibliothek des Herzogs. Im zweiten Stockwerk lag der tägliche Speisesaal, 152 m² groß mit hellgrün lackierter Holztäfelung, großen Fenstern und Ausblicken auf den Schlossgarten. Charakteristische Merkmale für die Ausstattung aller Zimmer des Schlosses waren grüne, graue oder rote Atlas- und Damasttapeten, vergoldete Konsolen, auf denen feines Porzellan und kostbare Tischuhren standen. In der Nacht vom 29. auf den 30. April 1945 wurde das Schloss durch Brandstiftung zerstört. Die Täter konnten nicht ermittelt werden. Es existieren jedoch noch eindrucksvolle Fotos von den Außen- und Innenansichten des Schlosses aus dem Nachlass des Neustrelitzer Fotografen Herbert Jung. Michael Gust hat sie wiederentdeckt und 1998 mit ausführlichen Erläuterungen veröffentlicht.

Friederike und ihr Gemahl bewohnten mit Kindern und Personal mehrere weitläufige Zimmerfluchten im ersten Stock des Neustrelitzer Schlosses. Es war behaglich und beruhigend, Vater und Bruder um sich zu haben, die Lebensumstände waren angenehm, komfortabel, ja fast luxuriös, und doch, die innere Ruhe wollte sich nicht einstellen. Friederike suchte etwas, von dem sie wusste, dass sie es hier auf Dauer nicht finden würde, ein Stück Heimat. Sie behielt es für sich, niemand hätte es verstehen können, aber sie sehnte sich nach dem Leben in Berlin. Die Lage Preußens im Jahre 1808 ließ jedoch wenig Hoffnung auf die Erfüllung dieses Wunsches.

Erneute Schwierigkeiten mit Solms

Das Jahr 1809 begann ebenso trübe und verstärkte melancholische Stimmungen. Luise setzte sich wiederholt bei ihrem Mann für Friederike ein. Aber alle Bitten, die „Verbannung" aufzuheben und Friederike wieder „in Berlin zu etablieren", blieben vergeblich.

Die Ehe mit Solms gestaltete sich zunehmend unerfreulicher. Die Schwierigkeiten blieben immer die gleichen. Er fühlte sich unterschätzt, hatte gesundheitliche Probleme und schwankte in seinen politischen Ansichten hin und her. Friederike kannte die Auseinandersetzungen über Napoleon und das Verhalten der deutschen Fürsten zur Genüge. Abendliche Unterhaltungen im Familienkreis führten regelmäßig zu Unfrieden und Verstimmungen. Herzog Karl von Mecklenburg-Strelitz und auch Bruder Georg, der Erbprinz, waren keineswegs überzeugte Anhänger Napoleons, jenes „Emporkömmlings, der sich über Tradition und verbrieftes Recht angestammter Fürstenhäuser hinwegsetzte". Nur um sein kleines Herzogtum zu schützen, war Herzog Karl dem Bündnis deutscher Fürsten mit Napoleon, dem Rheinbund, beigetreten. Es war eine schmerzliche Entscheidung gewesen, besonders weil sie auch eine zumindest formelle Gegnerschaft zu seinem Schwiegersohn, dem preußischen König Friedrich Wilhelm III., mit sich brachte. Und ausgerechnet Solms, preußischer Offizier und ebenfalls sein Schwiegersohn, pries mit Nachdruck Napoleons militärisches Genie und lachte über die deutschen Monarchen, die, wie er meinte, aus Angst vor dem Tode Selbstmord begingen.

Endlich traf eine erfreuliche Nachricht in Neustrelitz ein. Friedrich Wilhelm III. hatte, wie schon vor zwei Jahren, dem Drängen seiner Frau nachgegeben und den Prinzen Solms am 10. März 1809, dem Geburtstag Luises, zum Kommandeur des Zweiten Ulanenregiments in Breslau ernannt. Luise wünschte ihm brieflich Glück zu seinem neuen Posten und schmiedete gleichzeitig hoffnungsfrohe Zukunftspläne für sich und ihre Schwester. „Ich freue mich, dass es, da es doch einmal Berlin nicht sein konnte, doch nicht weiter als 40 Meilen ist und ein gutes Klima. Diese 40 Meilen lassen sich schnell und mit leichten Kosten machen und wir können uns sehen, wenn wir wollen." Luise sah sich bereits wieder in Berlin, hatte aber zuvor noch einen anderen Wunsch. Sie erwartete die Geburt ihres neunten Kindes und wollte Friederike in Königsberg, wohin die königliche Familie inzwischen aus Memel zurückgekehrt war, bei sich haben. Weder Luises Vater noch ihr Ehemann zeigten sich besonders nachgiebig. Bei Herzog Karl standen wohl materielle Bedenken im Vordergrund, denn Luise bot mehrfach Reisegeld an. Tausend Taler habe sie bereits zurückgelegt, versicherte sie dem zögernden Vater. Friedrich Wilhelm hatte nach wie vor prinzipielle Einwände, insbesondere gegen eine Rückkehr Friederikes nach Berlin: „Deine Schwester soll in Breslau residieren, ich lasse ihr das Schloss möblieren und ich hoffe, sie soll da recht angenehm sein." Friederike blieb aber zunächst in Neustrelitz.

Prinz Solms reiste im April ab, um sein neues Regiment in Breslau zu übernehmen. Der Abschied scheint etwas kühl ausgefallen zu sein, denn er wendet sich in einem Brief vom 1. April 1809 an seinen Schwiegervater, den er, im Gegensatz zu seinem Schwager Friedrich Wilhelm, stets sehr förmlich mit „Durchlauchtigster Herzog, gnädigster Herr" anredete. „Verzeihen mir daher Euer Durchlaucht, dass ich heute abgereist bin, ohne Ihnen meinen herzlichsten Dank zu sagen, und mir Eure Gnade für die Zukunft zu erbitten", heißt es in diesem Schreiben, das mit einigen weiteren Dankesbeteuerungen schließt.

Die ständigen Bitten Luises um einen Besuch der Schwester hatten schließlich Erfolg. Ende September 1809 traf Friederike in Königsberg ein, Luise war überglücklich, wie sie in ihren Briefen nach Neustrelitz immer wieder betonte. Am 4. Oktober 1809 bringt sie ihren Sohn Prinz Albrecht in Königsberg zur Welt, eine leichte Geburt, die die labile Gesundheit der Mutter schonte. Albrecht sollte das letzte Kind des preußischen Königspaares bleiben.

Friederike dehnte ihren Besuch in Königsberg aus. Sie war heiter und gelassen in Anwesenheit der Schwester und schob die Sorgen um ihr eigenes Schicksal beiseite. Prinz Solms hielt sich weiterhin bei seinem Breslauer Regiment auf. Seine in immer größeren Abständen eintreffenden Briefe zeichneten jedoch ein wenig erfreuliches Bild. Friederikes Ahnungen, die sie vor der Schwester geheim zu halten versucht hatte, bestätigten sich. Am 25. November 1809 quittierte Solms seinen Dienst als Kommandeur des Zweiten Ulanenregiments in Breslau. Gerade mal acht Monate hat er es diesmal ausgehalten, dachte Friederike bitter, und eigentlich hätte es ein ernsthafter Neuanfang werden sollen. „Der von Ihnen vorausgesehene Augenblick ist da", heißt es voller Wehmut in einem

Brief an den Vater, „mein Mann ist durch Kränklichkeit gezwungen, den König um seinen Abschied zu bitten!" Wie aus
dem Brief weiter hervorgeht, hatte sie ihren Mann immer wieder gebeten, doch noch abzuwarten, den Beschluss zu über-
denken, durchzuhalten. Vergeblich, sein Entschluss war un-
widerruflich.

„Von allen Türmen wehten Fahnen, alle Glocken läuteten"

JUBEL UND TRAUER IN BERLIN

Rückkehr der königlichen Familie nach Berlin

Der 23. Dezember gehörte zu den seltenen erfreulichen Tagen des ausgehenden Jahres 1809. Napoleon hatte einer Rückkehr des preußischen Königs nach Berlin zugestimmt und nun wartete man auf seine Ankunft in der preußischen Hauptstadt. Joseph von Eichendorff, der in der damaligen Königsstraße, zwischen Schlossplatz und Alexanderplatz, wohnte, hat von den Fenstern im zweiten Stock aus das historische Ereignis in seinem Tagebuch festgehalten: „Von allen Türmen wehten weiße Fahnen, alle Glocken läuteten ... Zuerst kamen vierzig Postillons, welche rührend auf ihren Posthörnern bliesen. Darauf folgte ein herrliches, weiß und rotes, Cuirassier-Regiment, und nun winkten alle Damen und Zuschauer aus ihren Fenstern ... und ein fürchterliches Vivat-Gebrülle von dem gewaltsam heranströmenden Volke wälzte sich die Straße herauf: denn nun kam der König selber in einfacher Armeeuniform mit Tschaco zu Pferde ... Hinter der Suite des Königs kam nun die Königin, in einem brillanten, gedeckten Wagen mit acht himmlischen Pferden, die so wie die vier Bedienten, welche hinten standen, vor Silber strotzten ..."

Der Einzug der königlichen Familie glich einem Triumphzug. Der Jubel galt, das zeigte sich ganz deutlich, dem Herrscherpaar persönlich. Die tapfere Haltung Königin Luises in den Jahren des Exils hatte die Beliebtheit in der Bevölkerung noch gesteigert. Luise von Radziwill, die bereits zwei Tage vorher in Berlin eingetroffen war, beschreibt die Ankunft im Berliner Schloss: „Am 23. Dezember begaben wir uns ins Palais des Königs, um ihn und die Königin zu erwarten. Der alte Herzog von Strelitz empfing seine Tochter bei ihrem Aussteigen aus dem Wagen, und alle waren sehr bewegt, als sie sahen, mit welcher Liebe und tiefen Erschütterung die Königin die Kniee ihres Vaters umfing".

Am Neujahrstag fand die große Cour, ein Empfang für geladene hoffähige Gäste, im Schloss statt. Friederike nahm an der Seite ihrer Schwester an diesem Festakt teil. Prinz Solms, inzwischen unrühmlich aus Breslau entlassen, hielt sich ebenfalls in Berlin auf, war zu dem Neujahrsempfang aber nicht geladen worden. Zu tief saß die Verärgerung über sein unwürdiges Verhalten.

Trotz der allgemeinen königstreuen Hochstimmung darf nicht übersehen werden, dass sich Teile des Adels und der Bevölkerung während der Abwesenheit des Königs mit der französischen Besatzungsmacht eingerichtet und recht behaglich gelebt hatten. Theateraufführungen und Bälle waren während der ganzen Zeit gut besucht und man orientierte sich in Fragen der Mode und des Lebensstils nach wie vor an französischen Vorbildern. Politische und gesellschaftliche Fragen wurden fast ausschließlich in kleinem Kreis diskutiert. Da nützte es auch wenig, wenn bedeutende Philosophen wie Fichte, der spätere Rektor der Berliner Universität, vor jeder Gewöhnung „an jede mögliche Ordnung der Dinge" warnte, mit der er die französische Besetzung meinte, und das Volk aufforderte, „sich Charakter anzuschaffen". Auch Gentz, Verehrer und Vertrauter Friederikes aus Teplitzer Tagen, forderte immer dringlicher, dass das Werk der Befreiung von deutschem Boden ausgehen müsse: „Europa ist durch Deutschland gefallen, durch Deutschland muss es wieder emporsteigen!" Eine These, die er mit Leidenschaft vertrat. Die selbst verschuldete Wehrlosigkeit Deutschlands, der unselige Zwiespalt, die wechselseitige Eifersucht der Fürsten, hatten seiner Ansicht nach mehr zerstört als die Bedrohung durch Frankreich. Friederike war überzeugt, bedeutenden politischen Veränderungen beizuwohnen. Sie wäre gerne in Berlin geblieben. Eine Zustimmung des Königs war jedoch nach dem unrühmlichen Abschied Solms weniger denn je zu erwarten.

Bereits Anfang Januar 1810 kehrte die herzogliche Familie nach Neustrelitz zurück. Das Herzogtum war aufgrund der klugen und hinhaltenden Politik Herzog Karls zwar von Krieg und Besetzung nicht verschont geblieben, aber im Vergleich zu Preußen doch glimpflich davongekommen. Allerdings drückten die Verpflichtungen, die sich aus der Mitgliedschaft im Rheinbund ergaben. Allein die Unterhaltung des Militärs verschlang erhebliche Summen. Hinzu kamen familiäre Sorgen. Um Tochter und Schwiegersohn Solms ein standesgemäßes und eigenständiges Leben zu ermöglichen, hatte Karl den Bau eines Stadtpalais in unmittelbarer Nähe des Schlosses in Auftrag gegeben. Friederike erwog unterdessen eine Trennung von Solms, wurde jedoch in ihrem Entschluss immer wieder wankend.

Ein Stern erlischt: Tod Luises

„Friederike tut springen und ist außer sich", so prophezeite Luise, als sie für Juni ihren Besuch in Neustrelitz ankündigte. Und nicht nur die Schwester, der ganze Hof schien sich bei dem Gedanken an das bevorstehende Ereignis zu beleben. Luises Besuch sollte einen ganz privaten Charakter haben. Nicht als preußische Königin, sondern als mecklenburgische Prinzessin wollte sie empfangen werden, ohne jedes Hofzeremoniell. Der König sollte einige Tage später folgen und alle gemeinsam wollten dann für ein paar Tage nach Hohenzieritz fahren. Dieses abgelegene schlichte Landschloss hatte es besonders dem König angetan, es erinnerte ihn an seinen Lieblingssitz Schloss Paretz bei Berlin.

Trotz aller bemühten Privatheit sprach sich die Anwesenheit der Königin wie ein Lauffeuer in Neustrelitz herum. Seit ihrem tapferen, wenn auch vergeblichen, Bittgang zu Napoleon wurde Luise über die Grenzen Preußens hinaus verehrt und bewundert und hier war man besonders stolz, dass eine Prinzessin aus dem eigenen Herzogshaus so viel Mut und Haltung gezeigt hatte. Schon am Vormittag des 28. Juni 1810 hatte sich am Stadtrand von Neustrelitz, am Glambecker See, eine große Menschenmenge eingefunden. Man war sicher, hier musste die grüne herzogliche Kutsche vorbeifahren, wenn sie weiter nach Hohenzieritz wollte, woran niemand zweifelte. Hufgetrappel, eine dichte Staubwolke und schon waren die Wagen der Herzogsfamilie vorüber. Niemand hatte etwas erkennen können. Enttäuscht sahen viele der Wagenkolonne nach. Aber als sich die Staubwolke allmählich senkte, hatte sich die Sonne verzogen. Ein eigenartig beklemmendes Gefühl beschlich die Schaulustigen. Schweigend löste sich die Menge auf.

Die Tage in Hohenzieritz vergingen für Friederike und Luise viel zu schnell. Der König war inzwischen nach Berlin zurückgekehrt. Solms besuchte seinen Bruder auf Schloss Braunfels im Hessischen, und so waren Luise und Friederike ganz unter sich. Man picknickte im Schlosspark, die beiden Schwestern setzten sich lachend gegenseitig selbstgewundene Blumenkränze ins Haar und bewunderten sich in neuen weißen Sommerkleidern.

Diese Idylle wurde jäh unterbrochen. Luise klagte über Kopfschmerzen, bekam Fieber und litt unter Brustkrämpfen. Lungenentzündung befand der aus Berlin herbeigerufene Arzt Heim. Der eigentliche Leibarzt der Familie, Hufeland, war nach Holland beordert worden, um einen erkrankten Bruder Napoleons zu behandeln. Der Zustand Luises verschlechterte sich zusehends. Der König eilte mit den beiden ältesten Söhnen aus Berlin herbei. Man hatte die Kranke inzwischen aus dem oberen Stockwerk in die Bibliothek des Herzogs im Erdgeschoss gebracht, da es hier kühler und luftiger war. Aber die krampfartigen Anfälle ließen nicht nach. Im Beisein ihrer Familie starb Luise am 19. Juli 1810 in Hohenzieritz. Der ärztliche Befund ergab nach einer Obduktion „ein Geschwür in der Lunge, sowie einen angewachsenen Lungenflügel und einen Polypen im Herzen".

Die Welt hatte sich mit einem Schlage verändert, für den König, für Friederike, für Preußen. Für die Bevölkerung war ein Idol, ein Leitbild, ein „Stern in stürmischen Wetterwolken", wie der Dichter Heinrich von Kleist Luise genannt hatte, dahingegangen. Fast alle empfanden es so. Die Trauer erstreckte sich weit über Preußen und Mecklenburg hinaus. Der Sarg der Königin Luise wurde nach Berlin überführt. Am 25. Juli, um vier Uhr früh, verließ der Trauerzug Hohenzieritz und erreichte nach zwei Unterbrechungen in Gransee und Oranienburg am 27. Juli um acht Uhr abends Berlin. Wieder läuteten die Glocken und von den Türmen wehten Fahnen, diesmal jedoch schwarze. Der Sarg wurde zunächst im Thronsaal des Schlosses aufgebahrt, die Beisetzung fand am 30. Juli im Dom statt. Der König hatte jedoch beschlossen, Luise an ihrem Lieblingsplatz im Park des Charlottenburger Schlosses, ein eigenes Mausoleum errichten zu lassen. Dorthin wurde der Sarkophag am 23. Dezember 1810, dem Jahrestag der Rückkehr aus dem ostpreußischen Exil, überführt. „Niemals ist eine Trauer so tief empfunden, niemals eine Königin so schmerzlich beweint worden", schreibt Luise Radziwill in ihren Lebenserinnerungen.

Friederike konnte den Tod der Schwester nie ganz verwinden. Jeder Jahrestag des Todes ließ die traurige Erinnerung wieder zur Gegenwart werden. So schreibt sie am 19. Juli 1831 an ihren Bruder Georg: „Bei meinem Erwachen dachte ich, ich sei in Hohenzieritz, so lebhaft war ich vor dem Einschlafen mit den traurigsten Erinnerungen meines Lebens beschäftigt, die 21 Jahre waren wie weggewischt." Und in einem späteren Brief zum Todestag, ebenfalls an Georg, heißt es: „... wie einst unser Engel Luise ausruft: Oh Jesu! Jesu! Mach es kurz!!! Diese Worte ertönen noch in meinem Ohr ..."

In Preußen und anderen deutschen Ländern schien sich ein unerwarteter Wandel zu vollziehen. Was Fichte und Gentz durch Aufrufe und Appelle nicht erreicht hatten, nämlich eine nationale Einigung herbeizuführen, bewirkte der Tod der jungen Königin. Die lähmende Gleichgültigkeit allen politischen Entwicklungen gegenüber wich einer Art nationaler Selbstbesinnung. Selbst diejenigen, die die Ideen der Französischen Revolution zunächst begrüßt hatten, sahen nun in Napoleon zuallererst den Unterdrücker. Auch in den mit Frankreich verbündeten Staaten wurden immer häufiger kritische Stimmen laut.

Friederike wurde nach dem Tode der Schwester von dunklen Gedanken verfolgt. Sie fürchtete den Zerfall aller alten Ordnungen und Bindungen. Sie wusste nicht, wo ihr Platz in Zukunft sein würde. Solms verstärkte diese schweren Stimmungen noch durch seine immer wiederkehrenden Prophezeiungen vom Untergange Preußens und dem Zusammenbruch aller monarchischen Prinzipien. Mut machte ihr nur Carl, der jüngste Bruder. Anders als der auf Ausgleich bedachte neunundsechzigjährige Vater hielt Carl flammende Reden gegen Napoleon, den „Weltgeist zu Pferde". Carl war in Berlin in den Bannkreis Heinrich von Kleists geraten und Mitglied der von diesem mitbegründeten Christlich-Deutschen Tischgesellschaft geworden. Er hatte sich die dort vertretenen Ansichten zu Eigen gemacht und lehnte Ideen von Freiheit und Gleichheit entschieden ab. Fast alle Gespräche endeten mit dem leidenschaftlichen Bekenntnis zur Beibehaltung der Monarchie in ihrem jetzigen Zustand. Gott habe die Fürsten zu Regenten eingesetzt, es sei also deren Pflicht und Auftrag, dieses Vorrecht nach eigenem Ermessen zum Wohle der Untertanen auszuüben.

Friederike fand in diesen Worten vorübergehend Beruhigung und Sicherheit, bis sich wieder alte Zweifel und Zukunftsängste einstellten. Eine Einladung des Fürsten de Ligne nach Teplitz kam da gerade zur rechten Zeit. Solms dachte schon länger daran, seine Gesundheit wiederum durch eine Kur zu festigen und so brach man Anfang August nach Teplitz auf.

Bedrückende Tage und Wochen

Teplitz hatte seit einiger Zeit Karlsbad als Modebad der feinen Gesellschaft abgelöst. Der kleine Ort hatte einen besonderen Charme. Die Wälder, das Erzgebirge, die Luft, die immer einen leichten Kohledunst hatte, die heißen Quellen, all dies zusammen zog immer mehr Gäste aus ganz Europa an. Chopin und Liszt hatten im Schloss gespielt, Beethoven war hier zu Gast gewesen, galt aber wegen seiner Schwerhörigkeit als mürrisch und übellaunig. Jetzt, im Spätsommer des Jahres 1810, traf die Neustrelitzer Reisegesellschaft auf so berühmte Personen wie Goethe, Gentz und das Schriftstellerehepaar Rahel und Karl August Varnhagen von Ense. Zwischen Rahel Varnhagen und Friederike entwickelte sich ein vertrautes Verhältnis. Rahel, seit ihrer Kindheit von zarter Gesundheit und nervöser Empfindlichkeit, war eine genaue Beobachterin und erkannte schnell den Zusammenhang zwischen seelischer Verfassung und körperlichen Leiden. „Prinzessin Solms ihre Krankheit affiziert mich sehr, da es ganz die meine ist", schrieb sie an ihre Freundin Rebecca Friedländer, und fügte kritisch hinzu, dass die ausführlichen Beschreibungen depressiver Zustände sie persönlich beschwerten, „nicht so genaue Nachricht wäre heilsamer." Der Gesundheitszustand Friederikes beunruhigte auch den Fürsten de Ligne. Er wandte sich am 19. August 1810 in einem persönlichen Brief an Friedrich Wilhelm III., um seine Besorgnis über die tägliche Verschlechterung in dem Befinden der Prinzessin auszudrücken.

Erst ganz allmählich begann sich Friederike aus ihrer Schwermut zu lösen. Sie nahm zunächst zaghaft, dann wieder mit der gewohnten Liebenswürdigkeit und Eleganz an Gesellschaften und Promenaden teil. Unter den zahlreichen Brunnengästen fiel besonders die hochgewachsene, schwarzhaarige Gräfin Harrach, geborene Freiin Raysky, auf, die hier mit ihren Kindern zur Kur weilte. Die zehnjährige Auguste schien die Schönheit ihrer Mutter geerbt zu haben und zog bereits jetzt viele Blicke auf sich. Vierzehn Jahre später wurde sie die zweite Gemahlin Friedrich Wilhelms III.

Die Gesundheit des Prinzen Solms besserte sich immer nur vorübergehend. Nach wie vor aufbrausend und streitsüchtig, stieß er überall auf Ablehnung und zog sich daraufhin noch mehr aus dem Kreis um Friederike zurück. Zudem gaben Briefe aus Neustrelitz Anlass zu Besorgnis. Es waren erste Fälle von Ruhr aufgetreten und die Krankheit breitete sich schnell aus. Besonders unter Kindern und Kleinkindern forderte sie viele Opfer. Das 1780 erbaute Krankenhaus war überfüllt und konnte niemanden mehr aufnehmen. Friederike sorgte sich um ihre drei jüngsten Kinder, die diesmal unter der Obhut einer sorgsamen Kinderfrau in Neustrelitz zurückgeblieben waren. Wurden auch alle Maßnahmen beachtet, um die Ansteckungsgefahr so gering wie möglich zu halten? Friederike klangen Hufelands Anweisungen im Ohr, Bett- und Tischwäsche mussten regelmäßig gewaschen, besser noch, ausgekocht werden. Vor allen Dingen sollten Kinder mindestens einmal wöchentlich gebadet werden. Diese Vorsichtsmaßnahmen blieben leider in weiten Kreisen der Bevölkerung gänzlich unbeachtet, obwohl es an Aufklärung nicht fehlte. So wies zum Beispiel der Physicus C. Schmidt in den „Nützlichen Beiträgen zu den Neuen Strelitzischen Anzeigen" eindringlich auf die heilsame Wirkung von Bädern hin und gab auch gleich ein Rezept für deren Zubereitung: „Die Bäder müssen milchwarm dem allgemeinen Gefühle weder durch Kälte noch durch Wärme unangenehm sein. Man nehme Flusswasser und versetze es mit einer Abkochung von einer halben Metze [ungefähr knapp zwei Liter] Weizenkleie. Man kann auch einige Lot gute weiße Seife zusetzen ... Das Baden muss in einem verschlossenen, im Winter in einem geheizten Zimmer geschehen, damit, welches sehr leicht der Fall ist, keine Erkältung stattfinden kann. Man reibe den ganzen Körper mit Flanell, bade das Kind eine Viertel-, höchstens dreiviertel Stunde, trockne es dann ab und lege es sofort in ein warmes Bette oder Wiege."

Die Solmsschen Kinder blieben von der Epidemie verschont. Ob aufgrund der heilsamen Bäder ist unbekannt. Friederike konnte sie bei ihrer Rückkehr im Spätherbst gerührt wieder in die Arme schließen. Auch der Gesundheitszustand von Solms ließ vorsichtige Hoffnungen aufkommen, das vom Vater in Auftrag gegebene Stadtpalais nahm Gestalt an, und trotzdem stellte sich keine Harmonie im ehelichen Zusammenleben ein. Die Geborgenheit in der Familie, vor allem die Nähe zum Vater, die Friederike so wohl tat, weckte bei Solms widerstrebende Gefühle. Er warf Friederike vor, sich ausschließlich nach den Wünschen des Vaters zu richten und nie nach seinen, sodass er gar nicht wisse, ob er eine Frau habe oder nicht. Friederike versprach Besserung, sie wolle sich wenigstens für „die Zeit, wo ich abwesend mit ihm bin, nach seinen Wünschen bequemen".

„An dieser Stelle flossen unsere Tränen"

Am 19. Oktober 1811 versammelte sich in Gransee an der Grenze zwischen Preußen und Mecklenburg-Strelitz eine Gemeinde von Honoratioren und Bürgern, um in Anwesenheit von Mitgliedern der königlichen Familie ein Denkmal zu enthüllen. Hier an diesem Platz hatte in der Nacht vom 25. auf den 26. Juli 1810 der Trauerzug der Königin Luise gehalten. Der Leichenwagen hatte auf dem Marktplatz der Hitze wegen unter einem großen Zelt gestanden, ehe der Zug sich am nächsten Tag nach Oranienburg in Bewegung setzte. Friederike warf einen Seitenblick auf ihren Neffen, den jetzt zehnjährigen Karl. Dieses Kind, um dessen Gesundheit sich Luise während der schweren Zeit in Königberg so viele Sorgen gemacht hatte, stand aufrecht neben dem Amtshauptmann von Gransee und sah mit erstaunten Augen auf das dunkle Stück Leinwand, das soeben weggezogen wurde und ein schwarzes Monument freigab, das Luisendenkmal. Auf einem sockelartigen Aufbau ruhte ein Sarg in natürlicher Größe, über dem sich ein säulengetragener Baldachin erhob. Karl fröstelte, er sah keinen Zusammenhang zwischen diesem bedrohlichen Ungetüm und der heiteren Leichtigkeit seiner Mutter. Friederike verschwamm alles vor den Augen, mit Mühe zwang sie sich dazu, die Inschriften auf dem Sockel des Denkmals zu lesen: „An dieser Stelle sahen wir jauchzend ihr entgegen, wenn sie, die Herrliche, in milder Hoheit Glanz mit Engelfreudigkeit vorüberzog", hatte die Stadt Gransee auf der linken Seite eingravieren lassen. Auf der rechten war zu lesen: „An dieser Stelle hier, ach, flossen unsre Tränen, als wir dem stummen Zuge betäubt entgegensahen, o Jammer, sie ist hin."

Friederike befiel zwischen Vergangenheitsgedenken und eigenen Zukunftsaussichten eine tiefe Niedergeschlagenheit: Sie wusste seit einiger Zeit, dass sie schwanger war, hatte versucht, diese Tatsache zu verdrängen, ja sogar auf eine Fehlgeburt gehofft, denn die Ehe mit Solms war inzwischen zur Qual geworden. Seine vorübergehende gute Verfassung nach dem letzten Kuraufenthalt in Teplitz war schnell wieder verflogen, er plante bereits eine neue Reise in eines der böhmischen Bäder, ohne sich auch nur im Geringsten um deren Finanzierung zu kümmern. Eine Scheidung, die Friederike immer ernster in Erwägung gezogen hatte, würde durch die bevorstehende Geburt verzögert, wenn nicht gar unmöglich werden. Am 27. Juli 1812 brachte sie in Neustrelitz einen gesunden Sohn zur Welt, der nach seinem Großvater und seinem Onkel auf den Namen Carl getauft wurde.

Dieser Onkel brachte überraschende Neuigkeiten aus Berlin mit. Er hatte den preußischen König nach Dresden begleitet, wo Napoleon einen glanzvollen Fürstentag abgehalten hatte. Die Macht des selbst ernannten Kaisers der Franzosen schien fest und unerschütterlich zu sein, die deutschen Staaten waren ihm mit Ausnahme Preußens durch den Rheinbund unterstellt, Preußen war besetzt und hatte den Großteil seiner Gebiete abtreten müssen, Österreich war ihm durch Eheschließung mit der Kaisertochter Marie-Luise verbunden, Russland war durch den Vertrag von Tilsit an Frankreich gebunden. Und trotz dieser deprimierenden Analyse schien Carl aus tiefster Überzeugung hoffnungsfroh gestimmt zu sein. Er berichtete von Gesprächen mit vielen Teilnehmern in Dresden, in denen immer wieder die Bereitschaft zu spüren gewesen sei, den Unterdrücker abzuschütteln. Sogar Zar Alexander, obwohl wankelmütig wie immer, sei im Begriff, sich von Napoleon abzuwenden. Herzog Karl stand einer Erhebung gegen Napoleon eher skeptisch gegenüber, versicherte aber, im Namen der Freiheit Preußens Sache zu unterstützen. Nur Prinz Solms war von einer zu erwartenden Niederlage überzeugt. Aber auf ihn hörte niemand mehr.

„Große Opfer werden von allen Ständen gefordert"

VON NATIONALEN UND PERSÖNLICHEN BEFREIUNGEN

Nationale Aufbruchstimmung

Der Konflikt zwischen Frankreich und Russland spitzte sich zu und Napoleon, an seine Unbesiegbarkeit gewöhnt, marschierte mit seiner Armee und den erzwungenen Kontingenten der Rheinbundstaaten in Russland ein. Der Feldzug verlief jedoch anders als erwartet. Napoleon stieß auf heftigen Widerstand. Es gelang ihm zwar, am 14. September 1812 Moskau zu besetzen, aber vernichtend geschlagen war der Gegner nicht. Die Lage des von Anfang an unter Verpflegungsschwierigkeiten und Krankheiten leidenden französischen Heeres wurde von Tag zu Tag bedrohlicher. Mit dem von den Russen selbst angelegten Brand Moskaus begann die Katastrophe. Kälte, Hunger und erbitterte Rückzugsgefechte rieben die einstmals so stolze „Große Armee" auf. Der Mythos von der Unschlagbarkeit Napoleons war zerstört.

Nationale Bewegungen brachen sich überall in Deutschland, besonders aber in Preußen, Bahn. Den Anstoß zur Erhebung Preußens gegen Napoleon gab der Befehlshaber des preußischen Hilfscorps im russischen Feldzug, General von Yorck. Er schloss im Dezember 1812 eigenmächtig einen Neutralitätsvertrag mit Russland ab und forderte die allgemeine Volksbewaffnung sowie die Errichtung einer Landwehr. Vorausgegangen war dieser Konvention, die in der Poscheruner Mühle bei Tauroggen abgeschlossen worden war, eine Zusage Zar Alexanders gegenüber Yorck, dass Russland den Krieg bis zur Wiederherstellung Preußens und der Befreiung Europas fortsetzen werde. König Friedrich Wilhelm war über die Handlungsweise Yorcks mehr erzürnt als erfreut. In der Bevölkerung erwachte jedoch eine Art vaterländischer Begeisterung, angefacht und verstärkt durch feurige Lieder und Flugschriften. Ein von dem Historiker und Schriftsteller Ernst Moritz Arndt unter dem Titel „Deutscher Trost" verfasstes Gedicht hatte folgenden Wortlaut:

„Deutsches Herz verzage nicht,
thu', was dein Gewissen spricht,
dieser Strahl des Himmelslichts:
thue recht und fürchte nichts."

Und einige Strophen weiter:

„Wohl steht dir das grade Wort,
wohl der Speer, der grade bohrt,
wohl das Schwert, das offen ficht
und von vorn die Brust durchsticht."

Nach und nach wurde auch der König von der Welle nationaler Aufbruchstimmung mitgerissen.

Es würde zu einem Krieg gegen Napoleon kommen, darüber war man sich auch in Neustrelitz ziemlich sicher, und viele, die sich jetzt in einen nationalen Taumel steigerten, machten sich keine Vorstellung von den Opfern, die eine solche Auseinandersetzung fordern würde. Schon war die Rede von Freiwilligenverbänden, die zur Unterstützung Preußens in anderen Staaten gebildet werden sollten. Allen voran machte sich Prinz Carl für die Aufstellung solcher Verbände stark. Der preußische König zögerte, eine Kriegserklärung an Frankreich war noch nicht ergangen.

Ernüchternd wirkten die Nachrichten, die über das Verhalten Österreichs nach Neustrelitz drangen. Man hatte fest auf den Beistand Österreichs im Kampf gegen Napoleon gebaut, aber Staatskanzler Metternich zauderte, taktierte, eine Ablehnung wurde immer wahrscheinlicher. „Mit blutendem Herzen gebe ich dann auch diese schöne Hoffnung auf", schrieb Friederike am 4. Februar 1813 an die Gräfin Luise von Voß, verheiratete Tochter der Hofdame Caroline von Berg, „und kann es doch nicht lassen, mich zuweilen noch auf einen Splitter dieser zertrümmerten Hoffnung zu stützen. Hier haben wir dann auch noch immer gewisse Furcht und Hoffnung und so sehr ich oft wünschte, nur um acht oder vierzehn Tage älter zu sein, so sehr fürchte ich mich, dass in diesem Zeitraum auch diese letzte Hoffnung zu Grunde gegangen sein wird und dass ich nur älter geworden sein werde, um unglücklicher zu sein. – Wohl dem Engel Luise, dass sie ausgelitten, ausgekämpft! und über die Dinge dieser Erde erhaben ist!!!"

Erhebung gegen Napoleon

Plötzlich überschlugen sich die Ereignisse. Österreich schloss sich dem Bündnis zwischen Russland und Preußen endgültig nicht an, am 16. März 1813 erklärte Preußen Frankreich den Krieg. Knapp zwei Wochen später traten Mecklenburg-Strelitz, wie auch Mecklenburg-Schwerin, aus dem Rheinbund aus und schlossen sich dem russisch-preußischen Bündnis an.

„Große Opfer werden von allen Ständen gefordert werden", so stand es in dem Aufruf des preußischen Königs „An mein Volk", und Herzog Karl hatte in einem eigenen Appell vom 30. März 1813 auf die Leiden seines Landes während der französischen Besetzung hingewiesen. Dann folgte mit eindringlichen Worten der Aufruf zur Mitwirkung an der Befreiung: „Lasst uns zeigen, dass wir besserer Tage wert sind. In solcher Zeit erwirbt man sich Achtung oder verscherzt sie! Mit Gott werde ich mich der Ehre wert zeigen, ein deutscher Fürst zu sein, und ihr getreue Mecklenburger werdet allen deutschen Brüdern ein Beispiel geben, auf dass man auch uns nenne in der Geschichte, und unsere Kinder achtungswerter Väter sich rühmen!"

Im Sonntagsgottesdienst am 8. April wurde ein weiterer Aufruf des Herzogs verlesen. Die Bevölkerung aller Stände wurde um Spenden für die Ausrüstung der Freiwilligenverbände gebeten. Der Aufruf schloss mit den Worten: „Für Ehre, Freiheit und Unabhängigkeit gibt es keine Taxe, ein jeder weiß selbst, wie viel diese Güter ihm wert sind!" Das Echo der Bevölkerung auf diesen Aufruf war eher verhalten. Als so bedrückend hatten viele die „Franzosenzeit" nicht empfunden, und die Zukunft erschien ungewiss. Trotzdem fanden sich viele Bürger vor der „Commission zur Empfangnahme freiwilliger Gaben" ein und überreichten Gegenstände, deren „Wert" häufig nur in der persönlichen Erinnerung verankert war, einfache Amulette, Tabaksdosen und Ähnliches. Die herzogliche Familie habe einen großen Teil ihres Tafelsilbers sowie ein kostbares Service gespendet, hieß es, und da wollte niemand zurückstehen.

In aller Eile wurde ein Husarenregiment zusammengestellt, das sich aus Freiwilligen aller Stände zusammensetzte. Am 30. Juni 1813 rückte das notdürftig ausgestattete Strelitzer Regiment zur Unterstützung der preußischen Armee nach Schlesien ab. Es wurde dem Korps Yorcks und der Brigade des Prinzen Carl von Mecklenburg-Strelitz zugeteilt. Ein beschwerlicher, wochenlanger Marsch in Richtung Liegnitz begann. Bei Guben gab es einen längeren Aufenthalt. Feldpostbriefe vermitteln ein deutliches Bild von den Nöten der Soldaten. „Tag und Nacht liegen wir unter freiem Himmel", hieß es darin, „sehr oft ohne die mindeste Unterlage von Stroh." Aber die Erhebung gegen Napoleon sollte noch weit schlimmere Opfer fordern.

Die Bevölkerung war verunsichert. Es wurde immer schwieriger, genauere Nachrichten von dem weiteren Kriegsverlauf zu erhalten. Umso aufmerksamer wurde jede Begebenheit bei Hofe registriert und gedeutet. Seit Mai hielt sich dort ein Gast auf, der allein schon durch seine häufig getragene scharlachrote Uniform auffiel und zu allerhand Überlegungen Anlass gab. Er sei Engländer, hieß es, ein Neffe des Herzogs, der gekommen sei, um sich an den Feldzügen gegen Napoleon zu beteiligen. Man sah ihn aber mehr in der Begleitung der Prinzessin Solms, die gelöster und heiterer wirkte denn je.

Am 26. August 1813 kam es zu der Schlacht an der Katzbach. Die Verbündeten konnten einen Sieg über Napoleon erringen, jedoch zu einem hohen Preis. Die Gefallenenlisten am

Amtshause von Neustrelitz wurden von Tag zu Tag länger. Über ein Drittel des dortigen Regiments war gefallen, sehr viele Soldaten waren verwundet. Und doch war Napoleon noch nicht besiegt. Zu der endgültigen Entscheidung kam es erst zwischen dem 16. und 19. Oktober 1813 bei Leipzig. Über hunderttausend Soldaten hatte dieser Sieg das Leben gekostet. Wilhelm von Humboldt besuchte am 20. Oktober das Schlachtfeld und schrieb darüber an seine Frau: „Es war dies das erste Schlachtfeld, das ich sah, und ich habe nun erst einen Begriff davon. Es liegen noch eine große Menge von Toten darauf, die meisten halb oder ganz nackt ausgezogen, oft mehrere übereinander ... Die meisten lagen mit ausgestreckten Armen auf dem Gesicht ... Ein armer Hund suchte immer an einer Stelle herum und war nicht wegzubringen. Man sah keinen Toten, aber er hatte gewiss irgendeine Spur seines Herrn ..."

Trotz der Trauer um die Opfer wurde dieser Sieg mit Erleichterung aufgenommen. Die Menschen sehnten sich nach Rückkehr zur Normalität, jedoch mit sehr unterschiedlichen Erwartungen. Viele, die für die Freiheit gegen den äußeren Feind gekämpft hatten, erhofften nun auch Freiheiten im inneren System. Vor allem die Jüngeren setzten auf Reformen, die den Bürgern Mitspracherechte gewähren sollten. Man hoffte, dass sich Preußen an die Spitze der Reformer setzen werde.

Scheidung Friederikes von Prinz Solms

In Neustrelitz wurde die Rückkehr des Prinzen Carl unter Anteilnahme der Bevölkerung gefeiert. Carl gelang es, durch feurige Reden die Siegesfreude noch zu steigern. Die allgemeine Aufbruchstimmung riss auch Friederike mit. Sie war jetzt bereit, einen Neuanfang auf privater Ebene zu wagen. Ihr Vater drängte schon länger auf eine Trennung von Prinz Solms. Friederike schwankte und schien zunächst entschlossen, ihre „unglückliche Ehe duldend zu ertragen". Herzog Karl beendete diesen Zwiespalt. Er erzielte im Oktober 1813 eine

Übereinkunft mit dem preußischen König, die Scheidung der Solmsschen Ehe einzuleiten.

Eine Scheidung war zu dieser Zeit, auch in fürstlichen Kreisen, ein Ausbruch aus religiösen und gesellschaftlichen Konventionen und wurde von Kirche und Gesellschaft missbilligt. Das Eherecht, also sowohl Eheschließung wie Eheauflösung, war bis in das 16. Jahrhundert hinein Kirchenrecht. Es galt der Grundsatz der absoluten Unauflöslichkeit der vollzogenen sakramentalen Ehe. Erst nach der Reformation fand allmählich eine Lockerung und Verweltlichung des Eherechts statt. Im 17. Jahrhundert verstärkte sich in den protestantischen Territorien die Tendenz, eherechtliche Bestimmungen in die Land- und Stadtrechte einzugliedern.

Friederike galt wegen ihrer ersten Eheschließung mit Ludwig im Jahre 1793 als preußische Prinzessin. Das preußische Landrecht von 1794 ließ neben den seit langem üblichen Scheidungsgründen wie Ehebruch oder Tötungsabsichten unter anderem auch Ehescheidungen aus unüberwindlicher Abneigung und aus gegenseitiger Einwilligung zu. In einer solchen Konsensscheidung trennten sich schließlich Friederike und Solms. Ein Verbot der Wiederverheiratung bestand nicht. Die Scheidungsurkunde mutet inhaltlich fast modern an. Sie trifft eine Regelung in sechs Artikeln:

In *Artikel 1* heben die beiden Parteien „aus wohl begründeten, von beiden Teilen als solche anerkannten Gründen das bisher zwischen ihnen bestandene Band der Ehe hiermit dergestalt auf, dass ihre Ehe mit dem Tage der erfolgten Genehmigung und Bestätigung durch den König von Preußen und den Herzog zu Mecklenburg-Strelitz völlig aufgehoben und getrennt sein und bleiben, und als aufgehoben und getrennt angesehen und gehalten werden soll."

Prinz Solms ermächtigte seine Frau, die Genehmigung und Bestätigung auch in seinem Namen zu beantragen. Er selbst hielt sich seit April 1813 in Schlesien auf.

Artikel 2 betrifft das Sorgerecht für die Kinder aus dieser Ehe. Er sieht vor, dass sie alle „ohne Unterschied des Geschlechts oder des Alters" ausschließlich der Mutter anvertraut werden. Solms verzichtet auf jede „Mitwirkung und

Friederike von Mecklenburg-Strelitz (1778–1841) als junges Mädchen. – Miniatur aus dem Umkreis von Peter Adolf Hall (1739–1793).

*Die Mutter:
Friederike von
Mecklenburg-Strelitz,
geb. Prinzessin von
Hessen-Darmstadt
(1752–1782), brachte
acht Kinder zur Welt,
vier Töchter und
ein Sohn überlebten.
Als sie starb, war
ihre jüngste Tochter
Friederike vier Jahre
alt. – Museum der
Stadt Neustrelitz*

*Der Vater:
Herzog Karl II. von
Mecklenburg-Strelitz
(1741–1816) war ein
lebensfroher Mann,
der von seinen Kin-
dern als der „beste
Päp" geliebt wurde. –
Museum der Stadt
Neustrelitz*

Friederikes Bruder Georg (1779–1860), seit 1816 Großherzog von Mecklenburg-Strelitz. Wie sich aus einer Vielzahl von Briefen ergibt, war er einer der engsten Vertrauten Friederikes. – Stahlstich von Carl Mayer, 19. Jh.

*Friederike und ihre Lieblingsschwester Luise wurden 1793
in einer Doppelhochzeit mit den beiden Söhnen des
preußischen Königs Friedrich Wilhelm II. verehelicht:
Friederike mit Prinz Ludwig (1773–1796) und Luise
mit dem späteren König Friedrich Wilhelm III. –
Skulptur der Prinzessinnengruppe von Johann
Gottfried Schadow, 1795; Berlin, Nationalgalerie*

Das Kronprinzenpalais „Unter den Linden" mit dem (rechts)
angrenzenden Prinzessinnenpalais. Hier lebten Friederike
und ihr erster Gemahl, Prinz Ludwig von Preußen,
in den Jahren von 1793 bis 1796.

Prinz Friedrich Ludwig von Preußen (1794–1863), Friederikes erster Sohn. Er wuchs nach ihrer Vermählung mit Prinz Solms zusammen mit den Kindern des preußischen Königspaares auf. – Gemälde von Gerhard von Kuegelgen, um 1816

Friederike vermutlich zu ihrer Zeit als Prinzessin Ludwig von Preußen. – Gemälde von Johann Heinrich Schroeder (1757–1812); Niedersächsisches Landesmuseum

Prinz Louis Ferdinand von Preußen (1772–1806) gehörte zu den stürmischen Verehrern Friederikes. Mit ihm begann sie noch während ihrer ersten Ehe als Prinzessin von Preußen eine Affäre. – Miniaturmalerei von Domenico Bossi, 1796

Fürst de Ligne (1735–1814), österreichischer Feldmarschall und Diplomat, galt als einer der letzten Kavaliere der alten Schule. Er war äußerst angetan „von der entzückenden Fürstin Solms". – Zeitgenöss. Miniatur; Wien, Heeresgeschichtliches Museum

*Friederike sei „die schönste Prinzessin Europas",
berichtete ein französischer Diplomat nach Hause.
Es mangele ihr nicht an Verehrern. –
Gemälde von Johann Friedrich August Tischbein,
um 1797/98; Berlin, Nationalgalerie*

*Prinz Friedrich Wilhelm von Solms-Braunfels (1770–1814),
der „forsche Gardeoffizier", seit 1798 Friederikes
zweiter Ehemann. – Gemälde um 1800; Schloss Braunfels*

Schloss Triesdorf bei Ansbach, Wohnsitz Friederikes und ihrer Familie während der „Verbannung". Hier wurden die Kinder Wilhelm (1801) und Auguste (1804) von Solms-Braunfels geboren.

Prinz Wilhelm von Solms-Braunfels (1801–1868), der älteste Sohn aus der zweiten Ehe Friederikes. – Gemälde von Theodor Hildebrandt, 1832; Schloss Braunfels

*Prinz Alexander von Solms-Braunfels (1807–1867), das in Königs-
berg geborene „außerordentlich schöne Knäblein", Friederikes
Lieblingssohn. – Gemälde von W. Kraft, undat.; Schloss Braunfels*

*Prinz Carl von Solms-Braunfels (1812–1875), der seiner Mutter
immer wieder „unsäglichen Kummer" bereitete. – Gemälde von
Julius Schrader, 1844; Schloss Braunfels*

Das Neustrelitzer Schloss mit Gartenanlagen. Hier verbrachten Friederike und ihr Gemahl Prinz Solms mit ihren Kindern die Jahre von 1809 bis 1813. – Kupferstich, 18. Jh.

Das „Alte Palais" an der Leinstraße in Hannover. Hier wurde Friederike geboren und hier lebte sie als hannoversche Königin von 1837 bis zu ihrem Tode im Jahre 1841. (Foto: 1928)

*Ernst August von Hannover (1771–1851), der dritte Gemahl
Friederikes seit 1815, wurde 1837 durch Erbfolge König von
Hannover. – Lithografie von J. Giese, 1843*

*Kronprinz Georg von Hannover (1819–1878), das einzige Kind
aus Friederikes dritter Ehe. Trotz erheblicher Widerstände wegen
seiner Erblindung bestieg er 1851 als Nachfolger seines Vaters
den hannoverschen Thron. – Lithografie, um 1850*

Friederike als Königin von Hannover. –
Undat. und unsign. Gemälde

Sarkophag der Königin Friederike, entworfen vom Bildhauer Christian Rauch (1777–1857), im Mausoleum des Königshauses Hannover im Berggarten zu Herrenhausen.

Teilnahme an der Erziehung" und wird seinerseits von Unterhaltsverpflichtungen freigestellt. Friederike verpflichtet sich zum „standesgemäßen Unterhalt" der Kinder. *Artikel 3* sieht vor, dass für den Fall des Todes der Mutter, also Friederikes, der jeweilige regierende Herzog zu Mecklenburg-Strelitz „die persönliche Vormundschaft und Erziehung" über die noch minderjährigen Kinder übernimmt. Nach *Artikel 4* wird für einen solchen Todesfall für das von Friederike ihren Kindern aus zweiter Ehe hinterlassene Vermögen während deren Minderjährigkeit die Sorge ihrem Bruder, dem Prinzen Carl zu Mecklenburg-Strelitz und dem preußischen Staatsrat Schuckmann übertragen.

In *Artikel 5* entsagen beide Parteien „gegenseitig allem und jedem Anspruch auf das Vermögen des anderen, dasselbe bestehe worin es wolle." Und schließlich verpflichtet sich Friederike in *Artikel 6*, ihrem geschiedenen Mann auf Lebenszeit eine jährliche Rente von 2400,00 Talern preußische Courant zu zahlen, „und zwar in Quartalraten, jede zu Sechs Hundert Talern."

Unterschrieben und gesiegelt wurde diese Vereinbarung in Neustrelitz am 30. Dezember 1813 von Friederike, ihrem Vater, dem Herzog Karl, und ihrem Bruder Georg, dem Erbprinzen. Solms unterzeichnete die Scheidungsdokumente am 9. Januar 1814 in Stoberau bei Brieg, die „Kapitulationsurkunde", wie er sie in einem letzten Anflug von Ironie nannte.

Am 22. Januar 1814 teilte Friederike dem König mit, dass ein „gütliches Einvernehmen" zwischen Solms und ihr erfolgt sei und bat im eignen wie in Solms Namen um eine „allerhöchste Bestätigung" dieser vereinbarten Regelungen. Gleichzeitig bat sie, Prinz Solms die schlesischen Jagden wie bisher zu belassen. Der Brief schließt mit der weiteren Bitte, sich der Angelegenheiten des Hauses Solms-Braunfels anzunehmen, da dieses ungerechtfertigt seine Souveränitätsrechte eingebüßt habe und nun seine einzige Hoffnung auf des Königs Huld setze, und auch von ihr die möglichste Unterstützung erwarte. „Doppelt fühle ich mich dazu verpflichtet", fügt sie hinzu, „da meine Kinder diesem Hause angehören und ich bei der Trennung von meinem Gemahl dadurch Zeugnis ablegen kann, dass kein Groll in meiner Seele wohnt und die Bande der Freundschaft und des Wohlwollens nicht gelöscht sind." Der König, der sich zu dieser Zeit im Hauptquartier in Troyes aufhielt, wies am 20. Februar 1814 den Staatskanzler Hardenberg in Berlin an: „... die Bestätigung der Trennungsdekrete in der gehörigen Form ausfertigen zu lassen und Mir solche zur Vollziehung vorzulegen." Weiter verfügte der König: „... dass Ich der Frau Prinzessin, solange sie unvermählt bleibt, ihre bisherige Rente belassen will. Der Herr Prinz von Solms-Braunfels soll die bisher benutzten Schlesischen Jagden behalten und auf die Verhältnisse des Fürstlich-Braunfelsschen Hauses wird bei definitiver Regulierung der deutschen Angelegenheiten Rücksicht zu nehmen sein."

Solms selbst war in einer verzweifelten Lage. Seine Gesundheit hatte er ruiniert. Zukunftsaussichten gab es für ihn nicht. Seine Karriere bei der preußischen Armee war beendet. „Auf Ehre kann ich Euer Excellenz versichern", schrieb er am 17. März 1814 an Hardenberg, „dass ich verzweifeln möchte, nicht mehr im Stande zu sein, dem König und Staat mit meinem Blute zu dienen."

„*Ich sehe dich oben auf der Treppe*"

DER ENGLISCHE VETTER
UND FRIEDERIKES DRITTE EHE

Ernst August, Herzog von Cumberland

$\mathcal{B}$ei dem englischen Prinzen, dessen Besuch auf dem Schloss die Neugier der Neustrelitzer erregt und zu allerlei Spekulationen geführt hatte, handelte es sich um Ernst August, Herzog von Cumberland, Sohn des englischen Königs Georg III. und seiner Gemahlin Charlotte von Mecklenburg-Strelitz, der Schwester Herzog Karls, und damit um einen Vetter Friederikes.

Ernst August, 1771 im Buckingham Palast in London geboren, war das achte Kind und der fünfte Sohn von insgesamt fünfzehn Kindern des Königspaares. Den größten Teil seiner Kindheit und Jugend hatte er in Kew verlebt, einem Dorf an der Themse, ungefähr 28 Kilometer südwestlich von London gelegen, wo der König ein Landgut besaß. Der junge Prinz fiel bald durch eine schnelle Auffassungsgabe auf, war allerdings schwer zu lenken und versuchte, meistens erfolgreich, seinen Kopf durchzusetzen. Er war pflichtbewusst und verlässlich, allein sein Hang zu Satire und spöttischen Bemerkungen trug ihm häufig Unannehmlichkeiten ein.

Ernst August bewohnte mit seinen beiden jüngeren Brüdern August und Adolf ein eigenes Haus gegenüber der Kirche von Kew, nur zu den Mahlzeiten gingen sie zusammen ins Schloss. Die Erziehung der Prinzen war streng, die Lebensumstände wurden bewusst einfach gehalten. 1786 wurden die drei Prinzen, Ernst August war fünfzehn, seine Brüder dreizehn und zwölf Jahre alt, zum Studium nach Göttingen geschickt, wo sie dem festen Regiment des Hofmarschalls Oberst Carl von

Malortie unterstanden. Im Anschluss an die Göttinger Studien erhielten die Prinzen eine soldatische Ausbildung.

Der englische König, als erster Herrscher seit Begründung der Personalunion zwischen England und dem Kurfürstentum Hannover im Jahre 1714 in England und nicht in Hannover geboren, legte großen Wert darauf, die personellen Beziehungen zwischen seinen beiden Staaten nicht abreißen zu lassen. Und so wurde Ernst August dem 9. leichten Dragonerregiment in Isernhagen, unweit von Hannover, zugeteilt. Dreimal in der Woche begab er sich dorthin, wohnte jedoch während der übrigen Zeit im Leineschloss zu Hannover. Er diente zunächst als einfacher Soldat, erhielt dann nach und nach immer höhere Dienstgrade und bekleidete zuletzt den Rang eines Obersten. Er nahm auf Seiten der Verbündeten am ersten Koalitionskrieg gegen das revolutionäre Frankreich teil und kehrte 1796 verwundet nach England zurück. Es war üblich, dass die Söhne des Königs bei Erreichen der Volljährigkeit Titularherzogtümer erhielten und so wurde Ernst August zum Herzog von Cumberland ernannt. Damit verbunden war ein Sitz im Oberhaus.

England befand sich um die Jahrhundertwende in einer unruhigen Phase. Die politische Situation war durch die Auseinandersetzung zweier unterschiedlicher Strömungen geprägt, die sich bis in die königliche Familie hineinzogen. Auf der einen Seite standen die „Whigs", Vertreter der großen grundbesitzenden Familien sowie der wohlhabenden Kaufmannschaft, die auf eine Stärkung des Parlaments und damit auf mehr eigenen Einfluss drängten. Ihnen gegenüber standen die „Tories", die ihre Anhänger im Wesentlichen aus dem königstreuen Landadel rekrutierten. Diese sahen sich als Verfechter der angestammten Rechte des Monarchen und standen dem Parlamentarismus skeptisch gegenüber. Ernst August und Georg III., sein Vater, waren überzeugte Tories, so genannte „Hochtories", während die Brüder, insbesondere Kronprinz Georg, den Whigs zuneigten. Da die Gesundheit des Königs eine baldige Regentschaft wahrscheinlich werden ließ, verstärkte sich die Parteinahme der einflussreichen Whigs zugunsten des Kronprinzen und gleichzeitig wuchs der Groll gegenüber Ernst August.

Die Krise auf dem europäischen Festland spitzte sich ab 1809 wieder zu. Österreich hatte sich als erstes Land gegen die napoleonische Fremdherrschaft erhoben. In England befürchtete man eine Invasion französischer Truppen; der König beauftragte Ernst August mit der Sicherung und Verteidigung Südwestenglands. Zu den von Ernst August befehligten Truppen gehörten auch Einheiten der Deutschen Legion des Königs, der Besetzung ihrer Heimat entkommene Hannoveraner, die den Krieg im Lande ihres Souveräns fortsetzten.

Vier Jahre später schien sich in den militärischen Auseinandersetzungen mit Napoleon durch das Zusammengehen der wichtigsten europäischen Staaten eine Wende abzuzeichnen. Ernst August sah die Befreiung Hannovers in greifbare Nähe rücken und hielt es für dringend erforderlich, dass ein Mitglied des Königshauses dort zugegen war, um die Regierung in dessen Namen zu übernehmen. Sein Bruder, der spätere Georg IV., der inzwischen die Regentschaft für seinen kranken Vater übernommen hatte, verweigerte ihm einen entsprechenden Auftrag. Ernst August beschloss daher, sich aus eigenem Antrieb auf den Kriegsschauplatz zu begeben, um sich selbst ein Kommando zu suchen. Am 3. Mai 1813 verließ er England ohne konkrete Pläne und mit unbestimmtem Ziel. Zunächst beabsichtigte er, bei seinem Onkel in Neustrelitz Quartier zu nehmen, um von dort aus nach neuen Aufgaben Ausschau zu halten.

Es bahnt sich etwas an

Friederike hatte der Ankunft des englischen Vetters unbefangen entgegengesehen. Die leidenschaftliche Affäre, die sie vor sechzehn Jahren mit seinem jüngeren Bruder Adolf, Herzog von Cambridge, in Bad Pyrmont gehabt hatte, war längst verblasst und es war kaum anzunehmen, dass sich jemand daran erinnerte. Ernst August war tief beeindruckt von seiner Cousine, von ihrer Schönheit, von ihrem angenehmen, sanften Wesen. „Es ist mir so frisch in Erinnerung", schrieb er dreizehn Jahre später, „wie wenn es gestern gewesen wäre. Ich sehe dich oben auf der Treppe, und in diesem Augenblick spielte die Kapelle eine Serenade. Welch ein herrlicher Abend! Wie die Blumen dufteten! Ich kann wahrlich sagen, dass dies der schönste und glücklichste Augenblick meines Lebens war."

Gemeinsam ritten und fuhren beide durch die Alleen der Residenz und viele Male auch nach Hohenzieritz. Friederike fand durch die gemeinsamen Besuche am Sterbeort ihrer Schwester eine innere Ruhe, wie sie sie in den letzten drei Jahren nicht mehr verspürt hatte. Ernst August war ein einfühlsamer Zuhörer, der über ihr bisheriges Leben nicht urteilte und richtete. Sie sah seiner möglichen Abreise schweren Herzens entgegen.

Die Bemühungen Ernst Augusts, ein eigenes Corps zu erhalten, waren nicht von Erfolg gekrönt. Der britische Militärkommissar bei den verbündeten Armeen, General Stewart, nutzte seinen ganzen Einfluss bei Hofe, um Ernst August fern zu halten. „Eine Kommandostelle kann er nicht bekommen", hieß es lakonisch, „er kann als Freiwilliger Dienst tun." Man fürchtete, Ernst August könnte durch sein oft sehr draufgängerisches Wesen unnötige diplomatische Verwicklungen herbeiführen. Man gestand ihm allenfalls zu, als Zuschauer den russischen und preußischen Operationen beizuwohnen. Ernst August war enttäuscht, beschloss aber, in dieser Angelegenheit den König von Preußen in Berlin aufzusuchen. Er wollte sich unter allen Umständen seiner „welfischen Abstammung würdig erweisen und würde es als ewige Schande betrachten, nach England zurückzukehren, ohne eine Kugel pfeifen gehört zu haben."

Am 10. August 1813 verließ Ernst August Neustrelitz in Richtung Berlin und folgte dann dem preußischen König in das alliierte Hauptquartier nach Teplitz. Er blieb bei der Armee und schloss sich dem langen Vormarsch nach Leipzig an. Seine unveränderte Rolle als Zuschauer empfand er als Demütigung, denn „das Leben und die Stellung eines Freiwilligen ist von allen Lebenslagen wohl die widerlichste." Nur die Aussicht, doch noch an der Befreiung Hannovers teilnehmen zu können, bewog ihn zu bleiben. Nach dem Sieg über Napoleon bei Leipzig rückte die Erreichung dieses Ziels näher.

Unter dem Eindruck der immer weiter vorstoßenden russischen und schwedischen Verbände begannen sich die französischen Truppen aufzulösen. Die Einnahme Kassels durch die Russen und die Flucht König Jéromes, des zum König von Westphalen ernannten Bruders Napoleons, lösten in Hannover einen unbeschreiblichen Freudentaumel aus. Dort wurde für den 3. November die Ankunft des Herzogs von Cumberland erwartet. Ernst August traf jedoch erst am nächsten Tag, relativ unbemerkt, ein. Als er sich auf dem Balkon des Schlosses zeigte, wurde er zunächst wegen der ungewohnten englischen Husarenuniform von den Wartenden nicht erkannt. Erst als der Oberadjutant des Bürgervereins, Hausmann, ein Hoch auf den Herzog ausbrachte, stimmte die Menge, immer lebhafter werdend, in den Jubel ein. Abends war die ganze Stadt festlich erleuchtet.

Am 6. November hielten dann die Infanterie und Artillerie der schwedischen Armee, mit dem Generalstab an der Spitze, ihren prachtvollen Einzug durch das Calenberger Tor. Der Herzog von Cumberland ritt dem zum schwedischen Kronprinzen erkorenen ehemaligen französischen Marschall Bernadotte entgegen und geleitete ihn nach Schloss Montbrillant, wo für ihn die Empfangsräume hergerichtet waren. Es folgten Bälle, Soireen und viele andere Lustbarkeiten.

Ernst August glaubte sich bereits am Ziel seiner Wünsche, als aus England Nachrichten eintrafen, die die Ankunft seines Bruders Adolf, des hier aus früheren Zeiten sehr beliebten Herzogs von Cambridge, ankündigten. Ernst Augusts Ahnungen bestätigten sich. Lord Bloomfield, ein dem Prinzregenten sehr nahe stehender Oberst, eröffnete dem entsetzten Herzog, dass sein jüngerer Bruder Adolf zum Generalgouverneur der Hannoverschen Lande bestimmt worden sei. Diese Zurücksetzung traf Ernst August schwer. Er reiste am 14. Dezember abends über Braunschweig nach Neustrelitz ab. Er nahm den Weg durch das Ägidientor, um Vorbereitungen zum Empfang seines Bruders am Steintor auszuweichen, ein Abschied, fast so unbemerkt wie seine Ankunft.

In Neustrelitz traf er auf eine gelöste Stimmung. Die Trennung der Solmsschen Ehe war in der Familie allgemein auf Zustimmung gestoßen. Der preußische König hatte diesen Entschluss von ganzem Herzen gebilligt und auch Königin Charlotte ließ aus London ihr Einverständnis übermitteln. „Meine Nichte hat mich soeben von ihrer Ehescheidung unterrichtet. Gott gebe, dass sie ihre Seelenruhe und die Wiederherstellung ihrer Gesundheit wiedererlangt", schrieb sie am 4. April 1814 aus Windsor an ihren Bruder, Herzog Karl.

Voller Hoffnung, dass sich in seinem privaten Bereich alles zum Guten wenden werde, verließ Ernst August Neustrelitz. Er kannte Friederikes Sehnsucht nach Berlin und mietete, zunächst nur für sich, das Haus der Herzogin von Kurland „Unter den Linden" Nr. 4. Am 12. März 1814 zog er dort ein. Von hier aus nahm er regen Anteil an den preußischen Kriegsanstrengungen und rühmte in seinen Briefen an den Prinzregenten in London die militärische Wiedererhebung des Landes. Er hatte die Hoffnung, nach Hannover zurückkehren zu können, nicht aufgegeben.

Zwei Ereignisse ließen ihn seine eher abwartende Haltung aufgeben und versetzten ihn in eine Art fieberhafte Erregung. Napoleon war am 2. April 1814 vom Senat abgesetzt worden und hatte vier Tage später in Fontainebleau von sich aus abgedankt. Er war daraufhin auf die Insel Elba verbannt worden. Kurze Zeit später erreichte Ernst August die Nachricht vom plötzlichen Tode des Prinzen Solms. Er war am 13. April 1814 auf dem Gut eines Freundes in Oberschlesien einem Schlaganfall erlegen. Ernst August handelte. Er richtete einen langen Brief an seine „teure und geliebte Cousine" mit dem erwarteten Heiratsantrag. Herzog Karl und der preußische König stimmten der geplanten Heirat umgehend zu, der englische Prinzregent hatte keine Einwände und so fand am 26. September 1814 die feierliche Verlobung in Neustrelitz statt.

Friederike war sechsunddreißig Jahre alt, hatte sechs Kinder aus zwei Ehen und war, auch wenn man im Familienkreise übereingekommen war, sie als verwitwet zu betrachten, geschieden. Der weiche Liebreiz ihrer Jugendjahre war noch erhalten geblieben, die einschmeichelnde Stimme entzückte auch jetzt noch jeden, der mit ihr bekannt wurde, und trotz allem, sie war keine „gute Partie" mehr. „Nur frische Fische sind gute Fische", hatte ihr Schwiegervater, der preußische König Friedrich Wilhelm II., seinerzeit bei ihrer ersten Verlobung bemerkt. Luise und sie hatten gekichert, als ihnen dieses Bonmot eines Kenners hinterbracht worden war. Mit Wehmut dachte Friederike zurück. Einundzwanzig Jahre war das jetzt her und diesmal war es wohl die letzte Chance, die sich für einen Neuanfang bot. Sie hatte ihre Möglichkeiten nüchtern kalkuliert, entweder blieb sie am Hofe ihres Vaters, gut ausgestattet mit einer Apanage vom preußischen Königshaus, oder sie verschaffte sich mit einer erneuten Heirat die Möglichkeit, nach Berlin zurückzukehren. Nach Berlin, „wo allen Abend alles walzt, hüpft und springt", wie sie später einmal an ihren Bruder nach Neustrelitz schrieb. Friederike war zufrieden mit ihrer Entscheidung. Ihr Bräutigam zeigte sich als angenehmer, heiterer Mensch und bot ihr Zukunftsaussichten, an die sie kaum noch geglaubt hatte.

Bereits im August hatte sich Friederike an Hardenberg gewandt und ihn um Entscheidung in einigen für sie wichtigen Punkten, von denen hier vor allem der erste von Interesse ist, gebeten: „Der erste ist die Frage, zu welchem Zeitpunkt ich mit voller Schicklichkeit [dick unterstrichen] dem Herzog von Cumberland meine Hand reichen kann? – Nach dem Urteil des Gefühls ist die Frage bald entschieden, da Sie sowohl, bester Fürst, als das ganze Publikum es wissen, dass ich in meiner letzten Ehe nicht allein höchst unglücklich war, sondern auch, dass ich seit dem Aprilmonat 1813 so gut wie getrennt von dem Prinzen Solms lebte ..." Sie möchte zwar einerseits mit Rücksicht auf die Kinder, den König und die ganze Familie das Trauerjahr abwarten, andererseits aber auch dem Wunsch des Herzogs nach einer schnelleren Verbindung nachkommen. Hardenberg antwortete ausweichend. Er wies auf die englischen Bestimmungen hin, die er nicht genau kenne, die aber in diesem Falle wohl ausschlaggebend seien, und empfahl, den Lordkanzler von England, Lord Eldon, um seinen Rat zu fragen. Das preußische Gesetz sah eine Frist von neun Monaten für die Wiederverheiratung einer Witwe vor.

Lord Eldons Rat wurde nicht eingeholt. Man hatte sich entschlossen, doch lieber das „Trauerjahr" abzuwarten, zumal die Einwilligung der englischen Königin zu der geplanten Heirat ungewöhnlich lange auf sich warten ließ. Ernst August begab sich deshalb nach Berlin, um bei dem preußischen König, von dem bekannt war, dass er seine Schwägerin außerordentlich schätzte, Unterstützung für seine Heiratspläne zu suchen. In der Tat versuchte Friedrich Wilhelm die Lage zu „kalmieren". Er intervenierte beim englischen Hof und erreichte, dass der Prinzregent versprach, sich für dieses Anliegen bei seiner Mutter einzusetzen.

Der Kongress tanzt

Friederike begleitete unterdessen ihren Vater und ihren Bruder, den Erbprinzen Georg, nach Wien. Dort war im Oktober ein Kongress der europäischen Fürsten und Staatsmänner zusammengetreten, der Europa nach den Umwälzungen der Französischen Revolution und der nachfolgenden Kriege territorial und politisch neu ordnen sollte. Trotz dieser schwierigen Zielsetzung ging es in Wien jedoch eher heiter, festlich und äußerst vergnüglich zu. Es schien, als habe es die Französische Revolution, die doch die eigentliche Ursache dieses Zusammentreffens war, nie gegeben. „Die vornehme Welt war wieder ganz ungestört, ganz unter sich", schrieb der Historiker Heinrich von Treitschke über den Kongress. Die Teilnehmerliste bestätigt diesen Eindruck. Vertreten waren Kaiser und Könige, Herzöge und Prinzen sowie eine Unzahl von Bevollmächtigten der großen und kleinen Mächte Europas. Über die in der Hofburg einquartierten Monarchen hatte sich der Volkswitz schon ziemlich schnell ein Urteil gebildet. Bereits in den ersten Oktobertagen erschien in Wien ein bedrucktes Blatt mit den entsprechenden Portraits und den Unterschriften:

Er liebt für alle: Alexander
Er denkt für alle: Friedrich Wilhelm

Er spricht für alle: Friedrich von Dänemark
Er trinkt für alle: Maximilian von Bayern
Er frisst für alle: Friedrich von Württemberg
Er zahlt für alle: Kaiser Franz

Die politischen Geschicke lagen weitgehend in den Händen des österreichischen Staatskanzlers Klemens Fürst von Metternich. Er galt als der Schöpfer des nach ihm benannten Systems des Gleichgewichts der europäischen Mächte. Ihm zur Seite stand einer der beständigsten Arbeiter des Kongresses, Friedrich von Gentz, der „Sekretär Europas". Ihm oblag die Ausarbeitung der wichtigsten Resolutionen, vor allem die der Schlussakte.

Friederike genoss das umtriebige Leben Wiens. Ball folgte auf Ball, Cour auf Cour, dazwischen Assembléen und Redouten. Den Ton gaben allerdings andere an, die geschiedene Prinzessin Solms war eine von vielen nicht mehr ganz jungen Schönheiten. Umso wohltuender war der Kontakt mit einem ihrer ältesten und wohl auch ehrlichsten Verehrer, dem Fürsten de Ligne, seit 1808 Feldmarschall. De Ligne war inzwischen fast achtzig Jahre, hochgewachsen und ungebrochen wie ehedem in Teplitzer Tagen. Von den führenden Kräften des Kongresses wurde er kaum beachtet, umso beliebter war er bei den übrigen Teilnehmern. Er hat das bis heute als charakteristisch für den Kongress angesehene Bonmot: „Le Congres danse et ne marche pas", geprägt. Der Kongress tanzt, geht aber nicht vorwärts. Friederike war mit vielen anderen häufig in seinem kleinen Haus auf der Mölkerbastei zu Gast. Der Fürst liebte das Leben und hasste den Tod. Trotz allem schien ihn eine dunkle Ahnung zu beschleichen. Der scheinbar heitere Ausspruch: „Ich will diesen Königen das Schauspiel der Beerdigung eines Feldmarschalls verschaffen", wurde Realität.

Charles Joseph Fürst de Ligne verstarb am 13. Dezember 1814. In einem feierlichen Trauerzug wurde er zwei Tage später nach dem Kahlenberg geführt. Die Grenadiere seines Regiments trugen ihn; andere gingen mit Fackeln und Wappen. Auch wenn man in Anbetracht seines Alters nicht von Jugend sprechen konnte, so war es Friederike doch, als sei ein Stück eigener Jugend von ihr gegangen.

1815 war Friederike wieder in Strelitz, verfolgte aber mit großer Aufmerksamkeit die Geschehnisse in Wien. Das Haus Solms hoffte auf Wiederherstellung seiner durch den Rheinbund aufgelösten Souveränität und bat um Unterstützung. Mehrfach wandte sich Friederike in dieser Angelegenheit an Georg in Wien mit der inständigen Bitte, „dem Hause Solms so nützlich zu sein, als du kannst." Diese Bemühungen blieben jedoch erfolglos. Die Grafschaft Solms ging in Hessen-Nassau auf.

Auf dem Kongress wurden noch weitere Regelungen getroffen, unter anderem zwei Beschlüsse, von denen vor allem der zweite Friederikes Schicksal beeinflussen sollte. Zum einen wurde das Herzogtum Mecklenburg-Strelitz zum Großherzogtum erhoben, eine Rangerhöhung, die Herzog Karl nicht angestrebt hatte. Teure Repräsentationspflichten waren alles, was seiner Meinung nach dabei für das kleine Herzogtum herauskam. Andererseits fürchtete er aber auch, dem weit größeren, ebenfalls „aufgefürsteten" Mecklenburg-Schwerin unterlegen zu sein, und so wurde mit Preußens Unterstützung die Erhebung zum Großherzog durchgesetzt. „Die Rangerhöhung der Schwerinschen ist fatal", hatte Friederike gleich dazu bemerkt.

Der zweite Beschluss erhob das Kurfürstentum Hannover zu einem Königreich. Englands König, Georg III., war fortan auch König von Hannover, wurde aber auch in diesem Fall wegen Krankheit durch den Prinzregenten, seinen ältesten Sohn Georg, vertreten. Der jüngere Bruder Adolf, Herzog von Cambridge, blieb weiterhin als Generalgouverneur in Hannover.

„Die Liebe eines herrlichen Menschen"

Friederike und Ernst August warteten weiterhin auf eine positive Entscheidung über ihre Heirat aus London. Die Antwort der Königin war hinhaltend. Als bis zum März 1815 noch immer keine klare Nachricht aus England eingegangen war, wurde Ernst August unruhig. „Die Spannung, in der ich so lange gelebt habe, hat mich gesundheitlich sehr mitgenommen", schreibt er an seinen Bruder, den Prinzregenten, „noch größeres Unbehagen verursacht mir jetzt der Umstand, dass das Witwenjahr am 12. April zu Ende geht und ich daher dringend auf Antwort warte." Endlich traf ein Brief aus London ein, nicht von der Königin, aber vom Prinzregenten. Friederike gab die erfreuliche Wendung gleich an Georg in Wien weiter: „der Prinzregent schreibt dem Herzog einen herzlichen Brief ... Du wirst daraus ersehen, dass der Prinzregent dem Herzog treu ergeben ist ... Die Hochzeit soll gleich vollzogen werden." Sowohl in Neustrelitz wie in Berlin wurde dieser Brief als generelle Zustimmung des englischen Hofes zu der Eheschließung gewertet. Eifrige Hochzeitsvorbereitungen setzten ein. Das vom Hofmarschallamt herausgegebene Regulativ legte den Ablauf der Festlichkeiten in jeder Einzelheit fest. Friederike wird hier wieder als „verwitwete" Prinzessin von Solms-Braunfels bezeichnet.

Am Vermählungstage speisten die „höchsten Herrschaften en famille". Die Trauung fand am Abend des 29. Mai 1815 um sechs Uhr in der Neustrelitzer Stadtkirche statt. Bis dahin hatte sich der gesamte Hof in „größter Gala" zu befinden, die Damen in „Tuniquen". Die Kirche war festlich hergerichtet worden. Aus dem Kirchenschiff hatte man alle Bänke entfernt und den Boden mit kostbaren Teppichen bedeckt. Gegenüber dem Altar, unter der Orgel, waren in einem Halbkreis Armsessel für die Fürstlichkeiten aufgestellt. Gegen fünf Uhr wurde die Kirche geöffnet und alle diejenigen die aus dem Hofmarschallamt Einlass-Billets erhalten hatten, versammelten sich in festlicher Kleidung auf den Chören. Dort wurden ihnen von den „Hofcouriren" Plätze angewiesen.

Glockengeläute zeigte an, dass der Zug vom Schloss her aufgebrochen war. Großherzog Karl fuhr in einem sechsspännigen Wagen zusammen mit dem Herzog von Cumberland und Friederikes Sohn aus erster Ehe, dem Prinzen Friedrich von Preußen, zur Kirche, gefolgt von einem ebenfalls sechsspännigen Wagen, in dem die 86-jährige Großmutter, Prinzessin Georg, die Braut sowie deren Töchter, die Prinzessinnen Friederike von Preußen und Auguste von Solms-Braunfels, saßen. Ernst August, in der roten Uniform eines britischen Feldmarschalls, und der Pfarrer warteten, bis der Großherzog seine Tochter durch das dicht gedrängte Spalier der Gäste zum Altar führte. Friederikes Geschwister werden mit Ausnahme Carls nicht in den Gästelisten aufgeführt.

Friederike gab Georg, der sich noch in Wien aufhielt, in einem Brief eine ausführliche Beschreibung ihrer Hochzeitsgarderobe: „Meine Toilette also bestand aus einer ganz neuen Robe vom schönsten Drape d'Argent ... und vorn darauf mit einer Eichengirlande in goldenen Bogen bestickt. Die Eiche ist, wie du weißt, das Zeichen der Deutschen und ist zugleich das Zeichen der Engländer, ich hatte also beides vereinigt, und es doch nicht selbst ausgesprochen. Auf dem Kopf hatte ich eine Königskrone, die ganz superb geraten war, so recht en forme als proportion, sie war aus Gold gemacht und ganz mit Juwelen ausgeschmückt ... Was ich aber im Busen trug, war schöner und kostbarer als alle diese Schätze, es war die Dankbarkeit gegen Gott, der mir die Liebe eines herrlichen Menschen geschenkt hat."

Die klaren, klugen Worte des Superintendenten Glaser, ohne jedes Pathos gesprochen, beeindruckten alle Anwesenden: „... Hier bedarf es nicht der heldenmütigen und preiswürdigen Entsagung, mit welcher so oft die Abkömmlinge hohen Stammes, dem Wohle der Völker ihre persönlichen Wünsche und Neigungen zum Opfer bringen. Ihre Herzen haben einander gewählt, und treue Liebe knüpft nun noch enger das Band, welches die Natur schon geschlungen hat. Vor dem heiteren Sonnenglanze ihrer Zukunft schwindet die düstere Vergangenheit, durch deren ausführliche Erinnerung ich die Freude des heutigen Tages nicht trüben will ..." Den vollständigen Wortlaut der Predigt konnten die Untertanen auch gedruckt bei dem herzoglichen Hofbuchdrucker G. G. Korb in Neubrandenburg erwerben.

Nach der Trauung begann die Gratulationscour im Kleinen Saal des Schlosses. Gegen zehn Uhr wurde die große Tafel annonciert. Die Festlichkeiten zogen sich über vier Tage hin und endeten am vierten Tag mit einem Hofball. „Es tut mir so leid, dass du nicht Zeuge unserer Verbindung sein konntest", schrieb Friederike zwei Wochen später an ihren Bruder in Wien. „Die vier Tage der Feste hier waren ganz vortrefflich ... Dann sind wir, um uns auszuruhen, sogleich nach Berlin abgereist ..."

Der Herzog und die Herzogin von Cumberland trafen am Abend des 5. Juni, dem Geburtstag des Herzogs, in Berlin ein, wo sie von der königlichen Familie mit großer Herzlichkeit empfangen wurden. Zum erhofften Ausruhen gab es allerdings keine Gelegenheit. „Die Unruhe kam von der Überhäufung der Höflichkeit", hielt Friederike in einem weiteren Brief an Bruder Georg fest, „der gute König war wie ein Engel für mich, und so die ganze Familie."

„Mit welchem Herzklopfen und mit welcher Bangigkeit"

FRIEDERIKES ERSTE BEGEGNUNG MIT DEM ENGLISCHEN HOF

Königin Charlotte

Das Haus der Cumberlands „Unter den Linden" Nr. 4 war ganz auf Geselligkeit ausgerichtet. Durch eine große Halle gelangte man in einen weitläufigen Empfangssaal, an den sich Wintergarten und Speiseräume anschlossen, im ersten Stock befanden sich ein Tanzsaal, ein Spielsalon und des Weiteren noch einige Nebenräume. Der Empfangssaal wurde beherrscht von mehreren weit ausladenden Sitzgruppen, Blickfang war jeweils ein Sofa, dessen Streifenbezug die Farben der Seidentapete wiederholte, dazu meist runde oder ovale Tische, die mit einer Reihe von gepolsterten Stühlen und Einzelsesseln Platz für viele gesellige Runden boten. Die gerafften Gardinen ließen ein mildes Licht in den Raum fallen, an den Seiten standen Schreibsekretäre, die Möglichkeiten zum spontanen Abfassen kleinerer Briefe, so genannter „Billets" oder anderer Nachrichten boten.

Das Personal spiegelte eine kleine Hofhaltung wider. Hofmarschall Malortie hatte Rang und Aufgaben unter den Dienstboten streng aufgeteilt.

Friederikes Aufenthalt in Berlin war nur kurz. Ernst August reiste am 14. Juni 1815 nach England ab, um die Formalitäten für eine dortige Bestätigung seiner Heirat einzuleiten. Friederike sollte so bald wie möglich folgen, kehrte aber zunächst nach Neustrelitz zurück. Sie sah ihrem ersten Auftritt am englischen Hofe zuversichtlich entgegen. Sie war gewohnt zu gefallen, und sicherlich würde ihre Erscheinung auch diesmal ihre Wirkung nicht verfehlen.

Am 24. Juni traf ein Brief aus London ein, der alle diese Hoffnungen zunichte machte. „Wie vom Donner gerührt", sei er gewesen, schrieb Ernst August, als ihm die Königin, seine Mutter, ihre Ablehnung der Heirat mitteilte und sich weigerte, das Herzogspaar überhaupt zu empfangen. Königin Charlotte begründete ihren brüsken Schritt damit, dass sie bestimmte Tatsachen über das Vorleben der Prinzessin erst jetzt erfahren habe und diese ihr keine andere Handlungsweise erlaubten. Nähere Einzelheiten wurden nicht mitgeteilt. Auch ein Brief der Königin an ihren Bruder, Großherzog Karl, in Neustrelitz brachte keine Klarheit. Nach Beteuerung ihrer freundlichen Gefühle für ihren Bruder und ihrer Anhänglichkeit gegenüber der Familie, betonte sie, dass weder ihre Position noch ihre Prinzipien eine Änderung ihres Beschlusses erlaubten, den inständigen Bitten des Prinzregenten zum Trotz. Sie wolle bestimmte peinliche Details nicht wiederholen, sei aber erbittert und schmerzhaft berührt ob dieser Angelegenheit.

Friederike schwankte zwischen Verzweiflung und harschen Selbstvorwürfen. Die Affäre mit dem Herzog von Cambridge in Bad Pyrmont, und nur um diese konnte es wohl gehen, lag lange zurück. Und wer hatte der Königin etwas davon zugetragen? Hätte sie damals als neunzehnjährige Witwe nicht vorsichtiger handeln müssen? Aber all das hatte mit ihrer jetzigen Situation wenig zu tun und eigentlich hatte sie für ihren Leichtsinn doch genug gebüßt. Wieder etwas gefasster entschloss sie sich, nach London zu reisen, wo sie jedoch nicht länger als vierzehn Tage zu bleiben gedachte. Drei Jahre wurden daraus.

Sie traf sich mit ihrem Mann in Seesen am Harz, gemeinsam setzte man die Reise fort, landete Ende Juli in Dover an und fuhr weiter nach London. Dort nahmen die Cumberlands zunächst Quartier im Carlton House, dem Wohnsitz des Prinzregenten. Am 30. August 1815 teilte Friederike ihrem Vater ihre Ankunft in London mit: „Mit welchem Herzklopfen und mit welcher Bangigkeit können Sie sich wohl denken!" Der Prinzregent, der spätere König Georg IV., hatte sie mit „einer unaussprechlichen Güte und Freundschaft" empfangen und

sogleich für den 29. August eine Wiederholung der Trauungs-
zeremonie im Carlton House angesetzt. Der Erzbischof von
Canterbury nahm diese Zeremonie in Anwesenheit der drei
weiteren Brüder, der Herzöge von York, von Clarence und von
Kent, vor. Herzog Adolf von Cambridge wurde durch seine
Verpflichtungen in Hannover festgehalten. Anschließend fand
ein großes Diner statt. „Der Schmerz, den ich über die Abwesenheit der Königin hierbei empfand, ist ganz anderer Art, wie
Sie sich denken können", heißt es in demselben Brief an den
Vater. Die Königin zeigte sich weiterhin unbeugsam. Die Regierung unter Premierminister Lord Liverpool, der der königstreuen Torypartei angehörte, hatte im Unterhaus den Antrag
auf Gewährung der üblichen Apanage bei Verheiratung eines
Prinzen eingebracht, die Zustimmung des Parlaments galt als
reine Formsache. Aber die Sprecher der Opposition zeigten
im Falle Ernst Augusts sofort, dass die Sache von ihnen keineswegs als bloße Formalität betrachtet wurde. Einer nach
dem anderen griff den Herzog von Cumberland und seine Gemahlin in scharfer Form an. Sie bezogen sich auf die Weigerung der Königin, das Paar zu empfangen, und verspotteten die
Regierung, weil sie Geld für eine Ehe fordere, derer sich sogar
die eigene Familie schäme. Da sich auch dem Herzog wohl
gesinnte Abgeordnete von der Heftigkeit der Vorwürfe ein-
schüchtern ließen, lehnte das Parlament die sonst übliche
Erhöhung der Junggesellenbezüge bei Verheiratung eines Prinzen in diesem Falle ab.

Die Hoffnung, dass die Königin ihre Haltung doch noch än-
dere, ging nicht in Erfüllung. „Schenken Sie mir Ihren Segen,
gütigster Vater, und erbitten Sie Gottes Segen und Beistand
für mich, das Gebet der Frommen ist Gott wohlgefällig", so
schließt ein Brief Friederikes vom 2. November 1815. Finanzielle Probleme belasteten ihre schwierige Situation zusätzlich. „Sehr gerne hätte ich der Großmama und all den lieben
Kindern etwas geschickt", schreibt sie an ihren Vater, und
ihren Bruder Carl bittet sie, einige von ihren Sachen daheim
zu verkaufen, „denn ich brauche Geld und bekomme hier
doch keins." In fast allen Briefen kommt immer wieder die

Enttäuschung über das abweisende Verhalten der Königin zum Ausdruck. Friederike suchte Trost in der Religion. Häufig besuchte sie Gottesdienste in der St. James Church, „aber als für die Königin gebetet wurde, weinte ich." Der übrige Hof verhielt sich abwartend. Man scheute eine eindeutige Parteinahme für die eine oder andere Seite. Allerdings ließen es manche vertraulichen Äußerungen nicht an Deutlichkeit fehlen. So soll Prinzessin Charlotte, Tochter des Prinzregenten, in einem Gespräch mit Friederike mit Blick auf die Königin gesagt haben: „Wollte Gott, die alte Lady wäre tot."

Schicksalsschläge und Enttäuschungen

Friederike sehnte sich nach ihrer Familie, ihren Kindern. „So würde ich mir zu meinem großen Trost wünschen, wenigstens eines meiner lieben Kinder bei mir zu haben", schreibt sie an den Vater. In einem weiteren Brief vom 8. August 1816 an ihren Bruder Carl in Berlin heißt es: „Ich vertraue dir [unterstrichen], bester Carl, diese meine beiden Söhne Wilhelm und Alexander ganz an, da ich dich, deine Fähigkeiten [unterstrichen] und deinen Charakter kenne ...". Wilhelm ist zu diesem Zeitpunkt fünfzehn Jahre, Alexander neun Jahre alt. Der jüngste Sohn aus der Solmsschen Ehe, der vierjährige Carl, scheint in Neustrelitz geblieben zu sein. Friederike sehnte sich aber auch nach dem „kleinen freundlichen Strelitz" und geht in Gedanken mit dem Vater durch den Garten, wandert in die Koppel und wirft einen Blick in die Schlossstraße.

Aber es gab auch etwas Erfreuliches. Friederike plante, sich mit dem Vater in Rehburg zu treffen, und „so Gott will, haben Sie dann durch mich ein neues Enkelkindchen, welches Ihnen angenehm die Zeit vertreiben kann", hatte sie im Juli 1816 nach Neustrelitz mitgeteilt und hinzugefügt: „Ich nehme sehr zu, mehr als es für die kurze Zeit sein sollte." Auch in weiteren Briefen finden sich häufig Klagen über verschiedene Leiden, die mit ihrem Zustand in Zusammenhang gebracht werden. Friederike hat Krämpfe im Unterleib und vermisst den

„guten Hieronimy", den Leibarzt der herzoglichen Familie in Strelitz.

Am 31. August 1816 übersiedelte das Ehepaar Cumberland nach Kew, um in dem Haus, das der Herzog in seiner Jugend bewohnt hatte, eine eigene, bescheidene Hofhaltung zu begründen. Für Friederike hatte das „Local dieses Hauses zwar etwas Melancholisches", aber sie blickte doch etwas gefestigter in die Zukunft, „denn im Übrigen habe ich mich ja nur zu freuen, da im Vergleich mit dem vorigen Jahr ja alles unendlich viel besser steht. Dafür habe ich Gott innigst gedankt", und am Schluss dieses Briefes an den Vater heißt es wieder: „Im Betragen der Königin hat sich nichts geändert." Friederike hoffte aber, dass die Geburt eines Sohnes und Erben ihre Stellung am englischen Hof verändern werde.

Dieser sich gerade zaghaft entwickelnde neue Lebensmut wurde durch zwei tragische Ereignisse erschüttert. Am 6. November starb in Neustrelitz Friederikes geliebter Vater, Großherzog Karl, und wenige Wochen danach hatte sie eine Totgeburt, es wäre ein Mädchen gewesen. Für Friederike versank die Zukunft wieder in Angst und Schrecken. Sie fühlte sich vom Schicksal verfolgt und zog sich immer mehr in sich zurück. Die Ärzte rieten dringend zu einer Kur auf dem Festland, aber dafür fehlte das Geld.

Enttäuschend war für Friederike auch das Verhalten des Herzogs von Cambridge. Sie hatte von ihm tatkräftige Unterstützung ihrer Anliegen und Fürsprache bei der Königin erwartet. „Er ist die Güte selbst für mich ... und ich kann ihm gar nicht genug danken", hatte sie ihrem Vater immer wieder versichert. Dann waren ihr jedoch erhebliche Zweifel gekommen, ob er je wirklich versucht habe, seine Mutter mit der Schwiegertochter auszusöhnen. „Ich glaube, dass er nichts dergleichen unternommen hat. Er ist von ganzem Herzen sehr gut, aber so schwach, dass auch ihm nicht zu trauen ist", so lautete das Fazit in einem der letzten Briefe an ihren Vater.

Noch einmal nahm sich der preußische König der verfahrenen Sache an. Er wandte sich in einem persönlichen Brief an die englische Königin, aber auch diese Bemühung scheiterte.

Der originelle Brief vom 25. April 1817 in der merkwürdig ab-
gehackten Sprache Friedrich Wilhelms hatte folgenden Wortlaut: „Was denn das sein? Noch immer nicht am Hofe eingeführt und angenommen sein? Doch meine Schwägerin sein.
Die andern auch nichts nutz sein, die andern kein Haar besser
sein." Wilhelm von Humboldt, preußischer Gesandter am englischen Hof, berichtete am 2. Juni 1817 nach Berlin: „... Was
zunächst das Benehmen der Königin von England gegen die
Herzogin von Cumberland, Königliche Hoheit, betrifft, so
ist, nach dem Urteile derer, die den Charakter Ihrer Majestät
aus einer langen Erfahrung kennen ... keine Änderung darin
mehr zu erhoffen." Auch der Herzog von Cumberland wisse
nicht, „was die Königin, die sich über die Vermählung anfangs sehr geneigt, ja unverhofft mütterlich und sorgsam für
ihre künftige Schwiegertochter gezeigt, in der Folge zu der
Weigerung, sie zu sehen, bestimmt hat. Humboldt vermutet,
dass der wenige Tage vor der Vermählung in Windsor ein-
gegangene Brief der Königin von Württemberg, Charlotte
Auguste, an ihre Mutter etwas über Friederike enthält, was
die englische Königin zu ihrer ablehnenden Haltung bewogen
hat. Diese Weigerung habe die unglückliche Fürstin in der
ersten Zeit ihrer Anwesenheit in England sehr isoliert. Nur
wenige Damen ließen sich ihr anfangs vorstellen. Doch der
überaus vorteilhafte Eindruck der Herzogin habe allmählich
die Distanz schwinden lassen. „Die Herzogin erlangt eine gewisse Popularität, damit ist in England nicht wenig gewon-
nen."

Ernst August unternahm noch mehrere Versuche, wenigstens die Frage seiner Bezüge zu klären, vergeblich. „Frage der
Apanage komplett gescheitert, in der gleichen Weise wie auch
1815", so der lakonische Bericht Humboldts nach Berlin. Friederike zeigte wenig Verständnis für die Haltung des englischen Hofes in dieser Angelegenheit, „denn vernünftige Männer hier sind der Meinung, dass der Prinzregent verpflichtet
sei, ein anständiges Einkommen für uns zu schaffen, bis dahin, dass das Parlament uns ein Einkommen versichert. Die
Quelle, woher er es nimmt, ist nicht unsere Sache, der Prinz

als Oberhaupt der Familie muss dafür sorgen", heißt es in einem Brief an Georg.

In einem verzweifelten Schreiben wendet sich Friederike schließlich am 27. März 1818 an König Friedrich Wilhelm III.: „Ich habe eine untertänigste Bitte an Eure Majestät, die nicht unbescheiden in sich selbst, die aber, ehe sie erklärt ist, dennoch so unbescheiden scheint, dass ich mich fast scheue, sie Eurer Majestät vorzutragen ...". Sie bittet den König, nachträglich ein bestimmtes Kapital für sie in die Eheakten einzutragen und begründet dieses Anliegen damit, „dass es auf die Nation und selbst auf das Gouvernement einen besseren Eindruck machen würde, wenn es nicht heißen müsste, dass ich dem Herzog gar kein Vermögen zubrächte ..." Es geht um die Bereitstellung eines Kapitals von 40 000 preußischen Talern in den Ehestatuten. Sie beteuert, dass dieses Kapital ja nicht jetzt ausgezahlt werden müsse, sondern als Zusicherung für den Herzog im Falle ihres Todes zu sehen sei. Friedrich Wilhelm geht auf diesen Vorschlag ein und bevollmächtigt Humboldt, einen entsprechenden Vertrag abzuschließen. Im Gegenzug wird Friederike vom englischen Parlament ein Witwengeld von 6000 englischen Pfund zugebilligt.

Die Stellung Ernst Augusts in England blieb problematisch. „Der Herzog von Cumberland hat keine, nicht einmal eine kleine, Partei für sich", berichtet Humboldt. Am sinnvollsten erschien es daher, ihn zur Abreise zu bewegen und ihm den Posten eines Generalgouverneurs von Hannover anzubieten. Der Prinzregent unterstützte diesen Plan, aber der Herzog von Cambridge, der diesen Posten zunächst nur widerwillig übernommen hatte, war nun nicht mehr bereit, Hannover wieder zu verlassen, zumal er sich bei der dortigen Bevölkerung großer Beliebtheit erfreute.

Schweren Herzens, „broken hearted", willigte Ernst August schließlich in eine Übersiedlung nach Berlin ein. Er hatte sich für Berlin als Wohnsitz entschieden, da sich seine Frau dort zuhause fühlte und viele Bekannte und Freunde hatte. Auch war der Kontakt zu der preußischen Königsfamilie eng und herzlich und stand damit in großem Kontrast zu der englischen Verwandtschaft. Da Ernst Augusts Mittel erschöpft waren, musste er Silber und seine Versicherungspolicen als Sicherheit an seine Bank verpfänden, um das nötige Geld für den Umzug zu erhalten. Am 17. Juli 1818 schifften sich der Herzog und die Herzogin von Cumberland nach Calais ein und erreichten drei Tage später Berlin.

„Wöchentlich eine Gesellschaft von achtzig Personen"

DAS HAUS CUMBERLAND „UNTER DEN LINDEN"

Glückliche Tage

*F*riederike sorgte dafür, dass das Haus Cumberland „Unter den Linden" bald wieder zum Mittelpunkt des gesellschaftlichen Lebens wurde. Dabei kam ihr einmal die erhebliche materielle Unterstützung durch den preußischen Hof zugute, zum anderen lockte die häufige Anwesenheit des Kronprinzen, des späteren Königs Friedrich Wilhelm IV., viele Gäste an. Um ihn herum hatte sich ein Kreis politischer und religiöser Schwärmer gebildet, die rationalen Überlegungen einer modernen Staatsführung wenig zugänglich waren. Verstärkung erhielten solche Gedanken zusätzlich durch den Hausherrn, Ernst August von Cumberland. Er hielt, auch auf Grund seiner Erfahrungen mit dem englischen Parlament, nicht viel von Mitspracherechten der Bürger. Ausschlaggebend sollte allein die Meinung des von Gott eingesetzten Herrschers sein. Friederike kümmerte sich wenig um diese Dinge. Sie war Mittelpunkt der Gesellschaft. Liebenswürdig gegen jeden ihrer Gäste, erzählte sie gern und anschaulich aus ihrem Leben und genoss allseitige Bewunderung.

„Vorgestern, 27. Mai, sind Ihre Königliche Hoheit die Frau Herzogin von Cumberland mit einem Prinzen zur Freude des Königlichen Hauses glücklich entbunden worden." Hinter dieser nüchternen Mitteilung in der Vossischen Zeitung vom 29. Mai 1819 verbirgt sich die Nachricht von einem der glücklichsten Tage im Hause Cumberland. Die Freude der Eltern war unbeschreiblich. Auf die Geburt eines gesunden Nachkommen hatten sie kaum noch zu hoffen gewagt. Friederike war inzwischen 41 Jahre, ein Alter, in dem eine Schwangerschaft zur damaligen Zeit große Risiken für Mutter und Kind in sich barg. Neben der überschäumenden Freude der Eltern war die Geburt des Prinzen aber auch von politischer Bedeutung. Es gab Überlegungen, zum Teil wohl eher Befürchtungen, dass Ernst August eines Tages die hannoversche Königswürde zufallen könnte. Die Tochter seines ältesten Bruders, des Prinzregenten, war 1817 verstorben, die Ehe des zweiten Bruders, Friedrich, kinderlos geblieben. Die Kinder des nachfolgenden Bruders Wilhelm hatten das Kleinkindalter nicht überlebt, nur der Viertälteste, Eduard, Herzog von Kent, war fast zur gleichen Zeit wie Ernst August Vater geworden, allerdings einer Tochter, Victoria, geboren am 24. Mai 1819. Da jedoch eine weibliche Thronfolge im Königreich Hannover nur nach Aussterben des gesamten Mannesstammes in Frage kam, war es nicht auszuschließen, dass in der Wiege des Hauses Cumberland der künftige Erbe des hannoverschen Königsthrons lag.

Die Taufe des Prinzen auf den Namen Georg war das erste große Fest im Hause Cumberland, fast schon ein Staatsakt. Der preußische König und seine beiden ältesten Söhne waren unter den Taufpaten. Die königliche Familie, die großherzogliche Verwandtschaft aus Neustrelitz, alle Minister, das diplomatische Corps und die gesamte Generalität waren bei der Taufe anwesend.

Der englische Prinzregent übersandte Glück- und Segenswünsche. Königin Charlotte war ein Jahr zuvor gestorben, ohne dass es zu einer Versöhnung mit Ernst August und Friederike gekommen wäre. Aber nun schien sich die Lage zum Besseren zu wenden. 1820 starb nach langem Siechtum auch der englische König Georg III. und der bisherige Prinzregent bestieg als Georg IV. den Thron.

Gleich im ersten Jahr seiner Regierung entschloss sich Georg IV., seinen Stammlanden in Hannover einen Besuch abzustatten. Vorübergehend hatte er sogar geplant, für längere Zeit im Schloss Herrenhausen zu residieren. Der bevorstehende Besuch sorgte für große Aufregung in Hannover.

Prinzen, Gesandte fast aller Höfe waren eingetroffen, um den König zu begrüßen. Auch für die Bevölkerung ergaben sich Vorteile. Da nicht alle anwesenden Fremden in Gasthöfen unterkommen konnten, bot sich Gelegenheit für Privatleute, Wohnungen und Stallungen zu hohen Preisen zu vermieten. Am 6. Oktober 1820 trafen der Herzog und die Herzogin von Cumberland zusammen mit dem einjährigen Prinzen Georg in Hannover ein und stiegen im Fürstenhofe ab, wo ihnen eine eigene Hofhaltung eingerichtet worden war. Der König kam mit Familie am 9. Oktober auf der damals noch ungepflasterten Sandchaussee über Osnabrück und Neustadt am Rübenberge in Herrenhausen an. Es war um die Mittagszeit und eine unüberschaubare Menge von Menschen zu Fuß, zu Pferde und in Wagen harrte zu beiden Seiten der Chaussee aus, um einen Blick auf die hohen Herrschaften zu erhaschen. Als der königliche Reisewagen eintraf, wurde er mit tosendem Jubel empfangen. Seit sechsundsechzig Jahren war kein König mehr im Lande gewesen. Von dicht gedrängten Reitern umgeben, langte der König vor dem Schloss Herrenhausen an. Kurze Zeit später zeigte er sich auf dem großen Balkon, in seiner Begleitung waren auch die Herzoginnen von Cumberland und von Cambridge. Der Jubel der Bevölkerung brach aufs Neue los.

Friederike sah in die Menge und Erinnerungen tauchten auf. Erinnerungen an eine Stadt, so hieß es in einem Brief an Bruder Georg, „wo unsere Eltern ihre glückliche Jugend verlebten, wo sie uns das Leben gaben, und wo die härtesten Schläge den geliebten Vater trafen ..."

Ein „ständiger Carneval"

Zurückgekehrt nach Berlin, begann das beschwingte Leben wieder mit Tanztees, Abendeinladungen, Theaterbesuchen und großen Bällen. Die Cumberlands hatten inzwischen das Haus Nr. 2 „Unter den Linden" bezogen, das weiträumiger war als das frühere Haus Nr. 4, und daher noch größere Gesellschaften beherbergen konnte: „Wir haben wöchentlich eine Gesellschaft von achtzig Personen", schrieb Friederike an ihre Tochter aus erster Ehe, die jetzige Herzogin von Anhalt-Dessau, „die Gäste versammeln sich in vier prächtigen Zimmern, die in einer Reihe nacheinander folgen und mit einigen Hunderten von Wachslichtern erleuchtet werden. Ich wünschte, du könntest hier sein, um es selbst zu sehen. Am Ende der Zimmer ist ein Vorzimmer, wo sich die Musik befindet." Friederike, die Tochter, hatte am 18. April 1818 den Erbprinzen Leopold von Anhalt-Dessau geheiratet. Diese Ehe war vom preußischen Hof arrangiert und ausgestattet worden, während sich die Mutter in England aufhielt. Bereits einige Monate vorher, am 21. November 1817, war auch Prinz Friedrich Ludwig (Fritz) von Preußen, der älteste Sohn Friederikes, mit der siebzehnjährigen Prinzessin Wilhelmine Luise von Anhalt-Bernburg vermählt worden. Friedrich wurde kurze Zeit später das Kommando der Division am Rhein mit Standort Düsseldorf übertragen.

Zu den Höhepunkten der gesellschaftlichen Ereignisse in Berlin gehörte nach wie vor die Karnevalssaison. Zur Eröffnung fand, meistens am ersten Sonntag im Februar, ein Hofball statt. Es folgten Opernaufführungen und Redouten, darunter verstand man geschlossene Veranstaltungen mit Tanz, aber nicht ganz so feierlich wie ein Ball. Das Hofzeremoniell schrieb hierfür auch weniger offizielle Kleidung vor. König und Prinzen erschienen in „bürgerlicher Kleidung", Schmuck und Putz war dem weiblichen Geschlecht vorbehalten. Aus vielen Briefen nach Neustrelitz ergibt sich ein buntes Bild der verschiedenen Festlichkeiten: Ball bei dem bayrischen Gesandten, Ball bei Luise Radziwill, am nächsten Tag Déjeuner mit dem König, abends Ball und Souper mit 150 Leuten, am nächsten Tag Theater, danach Ball usw. ... „Du siehst also", heißt es in einem der Briefe Friederikes an ihren Bruder Georg, „dass hier ein ständiger Carneval ist!!"

Einen Höhepunkt erreichten die Karnevalslustbarkeiten während des Besuches des russischen Thronfolgerpaares. Der spätere Zar Nikolaus I. und seine Gemahlin, die preußische Prinzessin Charlotte, Tochter Friedrich Wilhelms III., seit ihrer Heirat 1817 Großfürstin Alexandra Feodorowna, waren im Januar 1821 in Berlin eingetroffen. Ihnen zu Ehren sollte ein großes Hoffest gegeben werden und man beschloss, unter Anleitung des Prinzen Carl von Mecklenburg-Strelitz, dem Halbbruder Friederikes, den neu erschienenen Gedichtzyklus Thomas Moores, „Lalla Rookh", in Form der beliebten „lebenden Bilder" darzustellen. Bei der Titelfigur Lalla Rookh handelt es sich um eine indische Prinzessin, die mit dem bucharischen (Buchara ist heute ein Teil Usbekistans) Prinzen Aliris vermählt werden soll. Sie verlässt deshalb Delhi und begibt sich mit großem Gefolge nach Kaschmir, wo die Vermählung stattfinden soll. Der große Festzug, aus Bucharen und Indern bestehend, bot allen Mitspielenden die Möglichkeit, den ganzen Reichtum orientalischer Pracht vorzuführen. Unter den Klängen eines eigens für diese Feier von dem Italiener Spontini komponierten Marsches setzte sich der aus 168 Personen bestehende Festzug in Bewegung, durchschritt die Paraderäume des Berliner Stadtschlosses, trat dann in den Weißen Saal ein und nahm auf der hierfür errichteten Bühne Platz. Die Dekorationen hatte der bekannte Baumeister Karl Friedrich Schinkel entworfen. Fontane gibt in seinen „Wanderungen durch die Mark Brandenburg" einen detailgenauen Einblick in die Besetzungsliste: Die Hauptrolle der Lalla Rookh übernahm Prinzessin Charlotte, die jetzige Großfürstin, den Prinzen Aliris spielte ihr Gemahl, Großfürst Nikolaus. Von den Darstellerinnen der indischen Prinzessinnen wird an erster Stelle die Herzogin von Cumberland genannt, ferner die Prinzessinnen des preußischen Hofes, unter ihnen Prinzessin Alexandrine, eine Schwester der Großfürstin. Die Herren im indischen Kostüm wurden unter anderem von dem Prinzen Solms (wahrscheinlich Wilhelm) und Prinz Albert von Schwarzburg-Rudolstadt dargestellt.

Die zwölf Bilder folgten in raschem Tempo und ließen die Aufführung zu einem großen Erfolg werden. Insgesamt nahmen an dem Fest viertausend Gäste teil. Trotz dieses Erfolges war Friederike offensichtlich nicht untröstlich über die Abreise der russischen Gäste, die im März „gottlob zum Tempel hinausgingen". Gründe hierfür werden nicht genannt, möglicherweise spielten Eifersüchteleien über die höfische Rangfolge eine Rolle, jedenfalls wird an anderer Stelle von solchen Streitigkeiten berichtet.

Wer mit der Mode gehen wollte, zwängte sich jetzt wieder in Schnürleiber und trug weite Röcke. Die Zeit der losen, hauchdünnen Gewänder im griechischen Stil, die Luise und Friederike so gerne getragen hatten, war vorbei. Friederike verstand auch diese Mode zu ihrem Vorteil zu nutzen, sie weist in einem Brief auf „Ikas* schmale Taille" hin. Sie erregte immer noch Aufmerksamkeit.

Die anwesenden Schwägerinnen beobachteten dieses Gebaren argwöhnisch und fingen an zu rechnen: Friederike war jetzt dreiundvierzig Jahre alt, hatte fünfzehn Geburten hinter sich, knapp die Hälfte ihrer Kinder hatte überlebt, sollte man da noch so kokett sein? Nein, sie fanden es nicht schicklich, was sich diese Mecklenburgerin da herausnahm. Man erinnerte sich hörbar daran, dass ihr der Freiherr vom Stein schon vor Jahren „eine gemeine Sinnlichkeit" attestiert hatte. Doch der sonst so sittenstrenge König setzte sich lächelnd über diese Bedenken hinweg. „Ach was", so sein Kommentar, „andere taugen auch nichts!" Aber diese Bemerkung klang eher wie ein Kompliment.

Friederike liebte es, mit ihrem Alter zu kokettieren. Ein selbst verfasstes, an Georg übersandtes Gedicht anlässlich der Geburt ihres ersten Enkelkindes, Ludwig Alexander von Preußen, am 21. Juli 1820, endete mit der Strophe:

„Damit bin ich und bleibe ich bis in den Tod
die treue Schwester, gewesen schön, jung und wohl.
Man nannte sie Ika –
doch jetzt die alte Großmama!"

Mit Erstaunen wurde von in- und ausländischen Besuchern vermerkt, wie sich die preußische Hauptstadt veränderte. Berlin zählte 1820 bereits 200 000 Einwohner, Rom hatte zu diesem Zeitpunkt etwa 155 000, München 30 000 Einwohner. Zwar lebte Berlin noch weitgehend von der Anwesenheit des

---

* Den geschwisterlichen Kosenamen „Ika" verwandte Friederike nach wie vor, wenn sie von sich in der dritten Person sprach.

Hofes, der Regierung, der 16 000 Soldaten, aber die Infrastruktur wurde unter Friedrich Wilhelm III. nachhaltig verbessert. Feste Chausseen wurden gebaut, Kunst und Handwerk gefördert. 1821 wurde das Schauspielhaus am Gendarmenmarkt mit der Uraufführung von Webers „Freischütz" eröffnet. Der Berliner Hof selber zählte eher zu den stilleren Höfen in der ersten Hälfte des 19. Jahrhunderts. Der König lebte zurückgezogen und war noch wortkarger geworden als zu Lebzeiten Luises. Zu den wenigen Abwechslungen gehörten die regelmäßigen Theaterbesuche. „Hier bin ich nicht einsam und doch mit mir allein, hier will niemand nichts von mir", pflegte er zu sagen. Am liebsten waren ihm harmlose Stücke, die Episoden aus dem bürgerlichen Leben schilderten. Trauerspiele sah er sich gewöhnlich nur einmal an, „Tragödien hat das Leben genug." Die Söhne, Töchter und Schwiegertöchter bildeten mit ihren Kindern den täglichen Familienkreis um den „guten alten Herrn", wie die Preußen ihren König mit liebevollem Respekt nannten.

Überraschende Hochzeiten am preußischen Hof

Zwei Hochzeiten, beide überraschend und von vielen als ungewöhnlich empfunden, rückten den Hof für kurze Zeit in den Mittelpunkt des Interesses.

An seinem 25. Geburtstag, als man sich allmählich Sorgen um den Fortbestand der Dynastie zu machen begann, hatte der Kronprinz, Friedrich Wilhelm, die Erlaubnis erhalten, an den deutschen Fürstenhöfen auf Brautschau zu gehen. Er selbst bezeichnete diese väterliche Gunst augenzwinkernd als „unmissverständliche Aufforderung". Gerüchte drangen nach Berlin durch: Seine Wahl sei auf eine bayrische Prinzessin gefallen und er sei „selig", wie er immer wieder beteuert habe. Gefühlsausbrüche dieser Art wurden von seiner Begleitung mit einer gewissen Skepsis aufgenommen. Viele zweifelten an einer wahren oder gar leidenschaftlichen Zuneigung. Bei den wenigen Begegnungen mit seiner zukünftigen Braut hatte der junge Prinz eher den Eindruck fahriger Gleichgültigkeit als den großen Glücks erweckt. Man wartete gespannt auf seine Rückkehr. Sein erster Besuch galt auch diesmal wieder dem Haus Cumberland. Heiter, ungezwungen und wie immer etwas zerstreut, erzählte er von seiner Reise. Er schilderte lebhaft und anschaulich seine Eindrücke von der Stadt München, schwelgte in Erinnerungen an Formen und Farben der Zimmerfluchten in der Residenz, zeigte sich angetan von der Ausgestaltung der Oper, nur seine Braut schien er vergessen zu haben.

Die Braut, Elisabeth von Bayern, Tochter des bayrischen Königs Max I. Joseph, habe sich äußerst erstaunt über die Leidenschaftlichkeit der Briefe aus Berlin gezeigt, so wurde gemunkelt. Diese Art der Gefühle sei ihr bei der geringen Bekanntschaft, die bis dahin zwischen ihnen bestanden habe, unverständlich gewesen. Solche Indiskretionen wurden mit vielsagendem Lächeln weitergegeben. Ein junger Revolutionär, Karl Marx, sollte öffentlich behauptet haben, der Kronprinz sei impotent und nichts weiter als ein „dicker Rülps". Eine entsetzliche Vorstellung, nein, davon wollte man nichts hören, jedenfalls nicht öffentlich. Um allen Gerüchten ein Ende zu bereiten, überwand der König seine Vorbehalte gegen eine katholische Schwiegertochter und willigte in eine Heirat ein, allerdings unter der Bedingung eines baldigen Übertritts Elisabeths zum protestantischen Glauben. Die Vermählung wurde auf den 20. Dezember des Jahres 1823 festgesetzt.

Die junge Kronprinzessin hatte einen schweren Stand am Berliner Hof. Der Kronprinz ging weiter seiner eigenen Wege, besuchte mehr Geselligkeiten als zuvor und der übrige Hof, vor allem Elisabeths Schwägerinnen, betrachteten sie als Fremde. Auch die Hoffnung auf die Geburt eines Thronfolgers schien sich nicht zu erfüllen.

Knapp ein Jahr später geschah in Berlin etwas Unvorstellbares. Varnhagen von Ense hat es in seinen Tageblättern unter dem Datum des 11. November 1824 so festgehalten: „Heute Nachmittag und Abend durchlief wie ein Lauffeuer die ganze Stadt das Gerücht und die zuverlässige Nachricht, der König, unser König, habe sich vorgestern verheiratet!"

König Friedrich Wilhelm III. hatte während eines Bade-
aufenthaltes in Teplitz die Bekanntschaft der jungen Gräfin
Auguste von Harrach gemacht. Sie hatte sich danach mehrfach mit ihren Eltern in Berlin aufgehalten, aber niemand
hatte ein engeres Verhältnis des Königs zu der Familie des
Grafen Harrach bemerkt und eine Vermählung mit dessen
Tochter wäre niemandem in den Sinn gekommen. Von der
königlichen Familie waren zunächst nur der Kronprinz und
der Schwager des Königs, Großherzog Georg von Mecklenburg-Strelitz, eingeweiht worden. Die Befürworter dieser zweiten Ehe des Königs waren innerhalb der Familie in der Min-
derheit, die Mehrheit pochte auf Standesunterschiede und das
Bild der „unsterblichen Königin Luise", das sie durch diese
neuerliche Verbindung beschädigt sah. Die meisten Mitglieder
der königlichen Familie, besonders die Töchter des Königs,
fürchteten in Wahrheit jedoch um ihren Einfluss am Hofe.
Ohne Einschränkungen setzte sich nur der Kronprinz für
die Pläne seines Vaters ein. Er war auch als einziges Mitglied
der engeren Familie bei der kirchlichen Trauung im Schloss
Charlottenburg anwesend. Rechtlich hatte man die Form der
„morganatischen Ehe" wiederbelebt, bei der die Ehefrau und
die zu erwartenden Kinder von den Standesvorrechten des
Ehemannes und der Erbfolge ausgeschlossen, jedoch materiell
abgesichert waren.

König Friedrich Wilhelm war unsicher, wie er sich und
seine neue Ehe in der Öffentlichkeit präsentieren sollte. „Bis
jetzt sieht man dem teuren König nur Verlegenheit an und wir,
die den guten König lieben, müssen versuchen, es ihm zu er-
leichtern und was in meinen Kräften steht, werde ich gewiss
tun", schrieb Friederike an Georg. Sie registrierte aber auch
zwiespältige Meinungen „über den Standpunkt der Fürstin
[Auguste war inzwischen zur Fürstin von Liegnitz erhoben
worden] zu der Familie und der Gesellschaft und der Familie
und der Gesellschaft zu ihr". Friederike sah die Angelegenheit
aber auch durchaus von der praktischen Seite, der König
müsse bald eine eindeutige Entscheidung über die gesellschaftliche Stellung, also die Rangfolge, seiner Frau treffen,
„damit jeder wisse, wie er sich stellen muss, um es ihm recht

zu machen, weil das Zuviel oder Zuwenig den König gleich verdrießen könnte."

Der König und seine dreißig Jahre jüngere Frau lebten zurückgezogen. Es gab lediglich zwei Hofbälle im Jahr, bei denen die junge Fürstin durch erlesene Eleganz auffiel. Sie machte jedoch keiner der königlichen Töchter den Rang streitig, und so fielen Eifersüchteleien und Intrigen allmählich weg. Am preußischen Hof kehrte wieder die gewohnte Ruhe ein.

Mehr Schein als Sein

Der beliebteste Treffpunkt weiter Berliner Kreise blieb das Haus Cumberland, trotz der häufigen Abwesenheit des Hausherrn. Herzog Ernst August hielt sich von März bis September regelmäßig in London auf, wo er versuchte, sich in die Tagespolitik einzuschalten. Sein Betragen war oft recht eigenwillig, er provozierte andere und wirkte dadurch leicht verletzend. „Dieser Herr verbindet mit einem feinen, ja spitzen Verstand Rauheit des Wesens, mit Schärfe des Urteils anscheinende Treuherzigkeit", so die Gräfin Bernstorff. „Er kann oft sehr grob sein, und zwar dann nur aus reiner Freude an der Sache; denn er ist eigentlich maliziös und affektiert die Gemütlichkeit, die mehrere seiner Brüder besitzen." Allerdings gelang es ihm dann auch wieder, Peinlichkeiten durch ein gewisses Maß an Herzlichkeit vergessen zu machen. Er war ein Mann von Stand, achtete streng auf Einhaltung von Rangunterschieden, war aber gleichzeitig freundlich und wohlwollend gegenüber Dienstboten und Untergebenen. Die Gäste scharten sich eher um die Herzogin. Friederike schuf einen angenehmen Rahmen für Gespräche und entspannte Plaudereien. Weniger angenehm wurden ihre mit im Hofhalt lebenden Söhne aus der Solmsschen Ehe beurteilt. Caroline von Rochow charakterisierte alle drei, Wilhelm, Alexander und Carl, als „unbedeutend, teils roh und unausgebildet."

Für die materielle Sicherheit der Solmsschen Kinder schien allerdings bestens gesorgt zu sein. Das vom König 1799 angelegte Kapital hatte am 17. April 1823 die Summe von

114980 Talern erreicht. Friedrich Wilhelm traf daraufhin am 24. April 1823 folgende Verfügung: „Der Betrag von 104000 Talern bleibt bestehen … Der Zinsbetrag aber, welchen solcher von jetzt an abwirft, wird nicht weiter zum Kapital geschlagen, sondern soll in halbjährigen Raten der Frau Herzogin zur Unterstützung und Erziehung der fürstlichen Kinder zweiter Ehe überwiesen werden. Der Überschuss, welcher aus der obigen Summe mit 10980 Talern vorhanden ist, soll ebenfalls der Frau Herzogin ausgezahlt werden, um solchen nach eigenem Ermessen zum Besten der fürstlichen Kinder zweiter Ehe zu verwenden." Friederike dankte hocherfreut und versicherte mit Brief vom 3. Juni 1823, dass der Erhalt des Vermögens selbst auch in ihrem und dem Interesse ihrer Kinder liege.

Die Hofhaltung des Hauses Cumberland war aufwändig und überstieg die zur Verfügung stehenden Mittel trotz allem bei weitem. Friederike bezog als Witwe des preußischen Prinzen Ludwig nach wie vor ein Jahrgeld von 20000 Talern. Zum Vergleich: Ein Minister im Staatsdienst erhielt 10000 Taler, eine gut situierte bürgerliche Familie aus drei Erwachsenen und zwei Kindern bestehend, benötigte für den gesamten jährlichen Bedarf ungefähr 900 Taler, ein Schulleiter musste mit 350 Talern pro Jahr auskommen.

Ernst August konnte lediglich über seine knappen Junggesellenbezüge vom englischen Hof verfügen. Erst 1825 wurde ihm vom Parlament, in dritter Lesung mit einer Mehrheit von 170 zu 121 Stimmen, ein Erziehungszuschuss, also eine Art Kindergeld, für seinen Sohn Georg bewilligt. Varnhagen von Ense weiß zu berichten, dass die Herzogin von Cumberland im Jahre 1822 den Badeort Teplitz wegen Schulden nicht verlassen konnte. Wie auch in früheren Fällen habe der preußische Hof diese peinliche Angelegenheit diskret erledigt. Außenstehenden aber wurde ein anderer Eindruck von den herzoglichen Vermögensverhältnissen vermittelt. Allein die herzogliche Kutsche und ihr Lenker zogen alle Blicke auf sich. „Wahrlich diese Blume der Kutscher auf ihrem Bocke paradieren zu sehen, ist schon allein wert, dass man deshalb nach Berlin reist. Was ist Salomo in seiner Königspracht, was ist

Harun-al-Raschid in seinem Kalifenschmuck, ja was ist der Triumphelefant in der Olympia gegen die Herrlichkeit dieses Herrlichen? ... Heute trug er ein karmoisinrotes Kleid, das halb Frack, halb Überrock war, Hosen von derselben Farbe, alles mit breiten goldenen Tressen besetzt. Er trug die gewöhnliche Herrscherwürde im Antlitz. Er dirigierte die sechsspännige Staatskarosse." Diesen Bericht gibt Heinrich Heine in seinen Briefen aus Berlin. Der preußische König dagegen, so wird weiter berichtet, fuhr in einem einfachen Wagen mit zwei ordinären Pferden, das Haupt mit einer gewöhnlichen Offiziersmütze bedeckt, den Körper von einem grauen Regenmantel umhüllt.

Ein neuer „Staatsfeind": Die Demagogen

Der König war gerade wegen seines schlichten Lebensstils bei weiten Teilen der Bevölkerung beliebt. Man freute sich, wenn man dem Herrscherpaar bei Spazierfahrten in der Umgebung oder auch ganz ohne Hofstaat im Tiergarten begegnete. Volk und König schienen in seltenem Einklang miteinander zu stehen. Und doch trog diese Idylle. Vor allen Dingen bei den Jüngeren und dem gebildeten Bürgertum machte sich Enttäuschung breit. Wo waren die in den Freiheitskriegen versprochenen inneren Reformen geblieben? „Die Nation ist betrogen worden", diese Klage war immer häufiger zu hören. An den Universitäten gärte es.

Angesichts dieser Entwicklung hatte es nur eines Anlasses bedurft, um die staatliche Autorität zum Handeln zu bewegen. Als im März 1819 der Jenaer Theologiestudent und Burschenschafter Karl Ludwig Sand den populären Unterhaltungsschriftsteller August von Kotzebue ermordete, war ein solcher Anlass gefunden. Kotzebue hatte als Herausgeber des „Literarischen Wochenblattes" die Verfechter liberaler Ideen mit Hohn und Spott überzogen und sich über das patriotische Gehabe studentischer Verbindungen lustig gemacht. Metternich setzte daraufhin nach einem Treffen mit Friedrich Wilhelm III. in Teplitz die später so genannten „Karlsbader Beschlüsse" durch, die in ihren Hauptinhalten eine strenge Überwachung der Universitäten und die Wiedereinführung der Pressezensur vorsahen. Die einzelnen deutschen Staaten setzten diese Beschlüsse in höchst unterschiedlicher Weise um. In Österreich und vor allen Dingen in Preußen kam es zu rigiden Maßnahmen. Nationalisten, Freisinnige und „Demagogen" wurden überwacht und verfolgt, teilweise auch verhaftet und verurteilt. „Demagoge", dieses gefürchtete Wort ließ viele zusammenzucken. Es war eine unselige Entwicklung, die sich in Preußen anbahnte. Jeder, der bürgerliche Freiheiten oder die Fortführung der vor den Befreiungskriegen in Aussicht gestellten Reformen einforderte, lief Gefahr, als Volksverhetzer, also als Demagoge, verfolgt zu werden. Doch viele dieser so genannten Demagogen waren treue Anhänger der Monarchie. Sie hatten für Preußen gegen Napoleon gekämpft und waren nun enttäuscht, dass nach dem Sieg über den äußeren Feind im inneren Aufbau des Staates weiterhin die alten Beschränkungen gelten sollten: Standesschranken, die das Fortkommen erschwerten, Bevormundung der Bürger statt Gewährung gleichen Wahlrechts und vieles andere. „Der Friede und die ihm folgende Reaktion hatte die Fürsten von dem Volke, den Adel von den Bürgerlichen, das Militär vom Zivil getrennt", klagte die Schriftstellerin Fanny Lewald in ihrer Lebensgeschichte.

Zunächst ruhten die Hoffnungen vieler liberal gesinnter Bürger auf dem Kronprinzen. Schon auf Grund der zunehmenden Ähnlichkeit mit seiner Mutter, der nach wie vor verehrten Königin Luise, war er allgemein beliebt. Hinzu kamen sein freundliches Wesen und die berlinische Klangfärbung seiner Sprache. Er war der erste zukünftige Hohenzollernkönig, dessen Muttersprache deutsch und nicht französisch war. Er war gottesfürchtig und dank einsichtvoller und gebildeter Hauslehrer wie Delbrück und Ancillon auf vielen Gebieten bewandert und auch den Künsten, besonders der Malerei, zugetan. Vor allen Dingen aber war er entschlossen, ein neues, besseres Preußen zu schaffen, entschlossen auf seine ihm eigene schwärmerische Art.

In diesen Auffassungen wurde er von einem einflussreichen

verwandtschaftlichen Zirkel unterstützt, der sich vorwiegend im Hause Cumberland zusammenfand. Der jüngere Halbbruder seiner verstorbenen Mutter und seiner Tante Friederike, Herzog Carl von Mecklenburg-Strelitz, war einer der Hauptwortführer dieses Kreises. Die berüchtigten Demagogenverfolgungen waren hauptsächlich ein Werk Carls. Im Gegensatz zum Kronprinzen stützte er sich weniger auf religiöse Motive als auf die Durchsetzung eigener Interessen, und dazu gehörte der Erhalt der bestehenden Gesellschaftsstruktur mit fest gefügten Adelsprivilegien.

Friederike sah in diesen Ideen eine Bestätigung ihrer eigenen Vorstellungen. Der Kronprinz war der Garant für den Erhalt des bestehenden Systems, Veränderungen hatten selten eine Verbesserung für sie gebracht. Sie war jetzt fast fünfzig Jahre alt und neigte mehr denn je zu Melancholie. Ihre Figur war fülliger geworden und auch das Gesicht zeigte immer weniger von den weichen lockenden Zügen, die ihr so viel Bewunderung eingetragen hatten. Im Theater galten die aufmerksamen Blicke jetzt eher der zweiten Frau des Königs, der eleganten Fürstin Liegnitz. Und für den Hofklatsch, einem zuverlässigen Barometer für den Reiz und die Wichtigkeit einer Person, spielte die Herzogin von Cumberland kaum noch eine Rolle.

Gräfin Bernstorff, die sorgfältig über Bälle und andere Festlichkeiten bei Hofe berichtet, erwähnt Friederike lediglich als eine von vielen Teilnehmerinnen oder als Mutter der Herzogin von Dessau, der Tochter aus erster Ehe. Mit zunehmendem Alter trat ein weiterer Wesenszug Friederikes hervor, der vorher entweder nicht ausgeprägt oder von der Lieblichkeit ihrer Erscheinung überdeckt worden war, nämlich eine gewisse Überheblichkeit und das Pochen auf die Einhaltung von Standesunterschieden. Varnhagen von Ense berichtet, dass sich die Herzogin von Cumberland gegenüber Standesniederen „ausnehmend herbe" benehme oder diese völlig übersehe. Unterstützung für diese Haltung kam auch von Halbbruder Carl. In der Bevölkerung war Carl, preußischer General, äußerst unbeliebt. „Man fühlte zu oft durch, dass die Eitelkeit die Triebfeder mancher seiner Handlungen war", schreibt Caroline von

Rochow, „und auch sein Äußeres war auffallend sonderbar: eine hagere, feine Gestalt, ein sehr kleiner Kopf mit dunklen, früh ergrauten Haaren, die grell gegen eine jugendlich rote und weiße Gesichtsfarbe abstachen, breite und gedrückte Züge. Ein großer Mund, der bei seinem häufigen Lächeln zwei Reihen starker, weißer Zähne sehen ließ, gaben dem Gesicht leicht einen höhnenden Ausdruck …" Seine Rolle als Mephisto in einer Liebhaberaufführung wurde in Berlin zu einem Spottvers umgemünzt:

„Als Mensch, als Fürst, als Feldherr schofel,
Vortrefflich nur als Mephistophel."

Ernst Augusts Gedanken bewegten sich in eine ähnliche Richtung wie die des Kronprinzen und Carls. Hinzu kam bei ihm eine Vorliebe und Bewunderung alles Preußischen, darin seiner Frau nicht unähnlich. Mit Stolz und Freude erfüllte ihn die Ernennung zum General und Chef des preußischen 3. Husarenregiments, den Rathenow-Husaren. Bei seinem Aufenthalt in Hannover, anlässlich der Visite des englischen Königs, hatte er versucht, Georg IV. zu überreden, bei der Hannoverschen Armee die Uniformen der preußischen Truppen einzuführen und auch gleich vollständige Modelle für alle Truppenteile mitgebracht. Die Ausführung dieser Idee wurde indes dadurch verhindert, dass die Vorliebe des Hannoverschen Militärs für seine alten, an so viele ruhmreiche Taten erinnernden roten Uniformen „laut zur Sprache kam", wie Hausmann diese Unterredung beschreibt.

Ernst August und die englische Politik

Ernst Augusts Verhältnis zu seiner englischen Heimat blieb gespannt. Bei verschiedenen Aufenthalten hatte er versucht, in die politischen Verhältnisse einzugreifen, meist vergeblich. Es war ihm nicht gelungen, Reformen aufzuhalten. Er musste im Gegenteil feststellen, dass der politische Rückhalt der Tories zu bröckeln begann. In der zweiten Hälfte des Jahres 1828, Ernst August hielt sich seit Ende Juli mit seinem Sohn

Georg in London auf, spitzte sich die Lage zu. Anlass war eine sich anbahnende Auseinandersetzung über die mögliche Emanzipation der Katholiken, ein Streit, der im folgenden Jahr auf das Heftigste und mit weitreichenden Folgen geführt werden sollte.

Noch ein weiterer Grund hielt Ernst August für Monate in London fest. Die Erziehungsapanage für seinen Sohn Georg war ihm seinerzeit nur unter der Bedingung gewährt worden, dass dieser eine englische Erziehung erhielte. Georg war am 27. Mai 1828 neun Jahre alt geworden und das Parlament drängte auf Einhaltung dieser Verpflichtung. Also schulte man das Kind ab August 1828 zunächst für vier Monate in der Eldon-Schule in Hastings ein, einer Anstalt, deren konservative Prinzipien im Einklang mit denen der Tories standen. Auch nach außen hin versuchte man, Georgs Bindung an England hervorzuheben. „Am 12. August hat Georgchen den Grundstein zu einem neuen Turm legen müssen in Windsor, der am Schloss angebaut wird", heißt es in einem Brief Friederikes an ihren Bruder Georg vom 22. August 1828.

Seit Februar 1829 hielt sich Ernst August, diesmal ohne Sohn, wieder in London auf. Die Frage der Katholikenemanzipation wurde leidenschaftlich erörtert. Die Parlamentsmehrheit, auf deren Seite auch der Premierminister, der Herzog von Wellington, stand, setzte die rechtliche Gleichstellung der Katholiken durch. Dieses Gesetz brachte ihnen die Zulassung zu Parlament und allen öffentlichen Ämtern. Ernst August hatte sich vergeblich mit aller Kraft gegen diese Entwicklung gestemmt. Von frühester Kindheit in dem Glauben erzogen, dass der Schutz der protestantischen Landeskirche die erste und heiligste Pflicht seiner Familie sei, hatte er mehr aus Gewissensnöten als aus politischen Gründen versucht, diese Reform zu verhindern. Die Wirren um dieses Gesetz führten zu einer nachhaltigen politischen Verschiebung, der Spaltung der Tory-Partei.

Trotz aller Widrigkeiten beschloss Ernst August, in England zu bleiben, teils um sich weiterhin aktiv in die Politik einschalten zu können, teils aber auch um die Gewährung des Erziehungszuschusses nicht zu verwirken. Diese finanzielle

Zuwendung stellte einen nicht unerheblichen Teil seiner Einkünfte dar. Schweren Herzens entschloss er sich, Frau und Sohn zu einer endgültigen Übersiedlung nach England zu bewegen.

„So verließ ich dann mein liebes ruhiges Schönhausen, Berlin, so viele liebe Verwandte und zumal meine armen, jetzt ganz verwaisten Kinder, mit tausend Tränen, aber mit dem Glauben im Herzen, dass es gut sein muss, weil Gott es so wollte", schrieb Friederike in ihrem ersten Brief nach der Ankunft in London am 7. August 1829 an ihren Bruder Georg. Mehrere Tage hatte die Reise gedauert, über Bad Mergentheim nach Mainz, von dort mit dem Dampfschiff bis Köln, dann über Brüssel nach Calais. Dort bestieg man das Schnellschiff „The Lightning", und dieser „Blitz" brachte die Reisenden in zwölf Stunden nach London. Sehnsüchtig hatte Ernst August ihre Ankunft erwartet. „Ach, wie brennt mir das Herz, wenn ich mich gedenke, dass in drei Wochen hoffentlich ich werde meine teuerste, meine beste Ike an mein Herz drücken können", hatte er ihr kurz vor ihrer Abreise aus Berlin geschrieben. Zeitlebens beherrschte Ernst August weder die englische noch die deutsche oder französische Sprache vollkommen.

„... *dass dieses Land so verschieden von allen anderen ist* ..."

FRIEDERIKES ZWEITER AUFENTHALT IN ENGLAND

Umstrittene Reformen

𝔇ie nun folgenden Jahre in England brachten für Friederike wiederum wenig Erfreuliches. Sie hatte Heimweh nach Berlin und fühlte sich, obwohl nun offiziell von der königlichen Familie aufgenommen, fremd. Die Briefe an die Brüder in Neustrelitz und Berlin werden immer länger, bis zu fünfundzwanzig eng beschriebenen Seiten, und auch immer häufiger. Sie klagt über Krankheiten, zu deren Linderung die Ärzte einen Aufenthalt in milderem Klima auf dem Festland vorschlagen. Doch der Erfüllung dieses sehnsüchtig gehegten Wunsches nach Rückkehr standen gewichtige Gründe entgegen: „Ohne Zweifel gibt es hier eine Partei, die aus politischen Gründen des Herzogs Anwesenheit (und also auch die Meinige) nicht gerne sehen; es gibt aber auch sehr viele Menschen, die sich nicht darüber beruhigen wollen, dass er überhaupt weggehen will, die mich beschuldigen, dass ich ihn abhalte, und unseren Sohn abhalte, in England zu leben, mit denen ich zu kämpfen habe und die ich nicht genug versichern kann, dass meine Gesundheit mich manches Jahr hindurch abgehalten hat, mal wieder dem König meine Aufwartung zu machen und mein zweites Vaterland zu besuchen." Dieser an Georg gerichtete Brief schließt mit der inständigen Bitte, die Cumberlands in Berlin nicht zu vergessen.

Von den englischen Verwandten ist ihr die jüngere Schwester Ernst Augusts, Prinzessin Sophie, besonders ans Herz gewachsen, denn „sie hat am meisten von den mecklenburgischen Manieren, sie bewegt die Hände wie Therese", heißt es in einem Brief an Bruder Carl. Sie sähe zwar ihrer Mutter, der verstorbenen Königin Charlotte, ähnlich, „aber sie hat etwas sehr Herzliches und Liebevolles." Die Cumberlands wohnten wieder in Kew, in demselben Haus nahe der Kirche, wie bei ihrem ersten Aufenthalt vor vierzehn Jahren. Friederike war unglücklich, das Gefühl der Fremdheit wollte nicht weichen. Sie drückt es so aus: „Ich bin die Erste einzugestehen, dass dieses Land so verschieden von allen anderen Ländern ist, dass es höchst schwer ist, sich in die Lage eines Eingeborenen zu versetzen."

Das Glück dieser Ehe wurde jedoch durch diese schwermütigen Stimmungen kaum berührt. Die gegenseitige Zuneigung und Liebe wird immer wieder deutlich. Als Friederike schwer erkrankt, sorgt sie sich in erster Linie um den Herzog, fürchtet, dass ihr Tod ein zu schwerer Schicksalsschlag für ihn wäre und betet, dass Gott diesen Kelch an ihm vorübergehen lassen möge. Auch hört sie nie auf, Gott dafür zu danken, „dass er mir das, in meinem Verhältnis kaum möglich zu denkende Glück schenkte." Sie bemüht sich, ihrem Mann zuliebe, England als ihr Vaterland zu empfinden, räumt aber ein, dass dies eher ein „raisonnement des Verstandes" sei und mit den Gefühlen des Herzens im Widerspruch stehe. Hätte sie nur ihr Herz gefragt, wäre sie entweder gar nicht gefahren oder in Potsdam wieder umgekehrt.

Friederike plagten seit längerem Gewissensbisse, ihre Kinder aus den früheren Ehen im Gegensatz zu ihrem jüngsten Sohn Georg vernachlässigt zu haben. Vor allem machte sie sich Vorwürfe, Carl, das vierte und letzte Kind aus der Solmsschen Ehe, zu zeitig allein gelassen zu haben. Sie beruhigte sich aber auch schnell wieder mit dem Gedanken, ihre Mutterpflichten erfüllt zu haben, denn die Erziehung ihrer Kinder sei vollendet. „Meine Töchter sind verheiratet, ... Wilhelm und Alexander [von Solms-Braunfels] sind in die preußische Armee eingetreten und werden in Berlin ihre Carriere machen wie dann auch Carl", schreibt sie im September 1830 aus Kew an ihren Bruder Georg. Offensichtlich waren von dieser Seite Zweifel an ihrer mütterlichen Hingabe geäußert worden, denn

Friederike verteidigte sich vehement: „Dieser Zweifel und nun deine Missbilligung überhaupt", heißt es in demselben Brief, „würde mich zum Tode betrüben – aber nein, ihr könnt es nicht missbilligen, wenn ich unsere Pflichten – die ja so klar wie der Tag sind, richtig und aufrichtig geschildert habe, und so schwer es ist, sich in die Lage anderer zu versetzen, so hoffe ich doch so deutlich gesprochen zu haben, dass ihr es könnt, und dann gibt es gewiss nur eine Art, sie zu beurteilen." Der älteste Sohn Friedrich (Fritz) von Preußen diente wie seine Halbbrüder in der preußischen Armee und war inzwischen General. Tochter Auguste von Solms-Braunfels hatte 1827 den Prinzen Albert von Schwarzburg-Rudolstadt geheiratet. Die Vossische Zeitung berichtete in ihrer Ausgabe vom 30. Juli 1827 darüber: „Am 26. Juli wurde im Königlichen Schlosse zu Schönhausen die Vermählung Ihrer Durchlaucht der Prinzessin Auguste zu Solms-Braunfels, Tochter Ihrer Königlichen Hoheit der Frau Herzogin von Cumberland, mit Seiner Durchlaucht dem Prinzen Albert von Schwarzburg-Rudolstadt, ganz in der Stille und im Kreise der Königlichen Familie vollzogen, da, wegen der Trauer um Seine Durchlaucht dem kürzlich verstorbenen Fürsten [Karl Alexander] von Thurn und Taxis, Schwager Ihrer Königlichen Hoheit der Frau Herzogin, jede glänzende Feier unterbleiben musste." Elisa Radziwill erwähnt in ihren Lebenserinnerungen übrigens, dass Auguste vorher mit dem Sohn des Verstorbenen, ihrem Vetter Prinz Friedrich Wilhelm von Thurn und Taxis, verlobt gewesen sein soll, die Verlobung aber gelöst habe.

Die intensive Teilnahme des Herzogs von Cumberland am politischen Leben zog ihm maßlose Angriffe zu bis hin zu Straßenaufläufen und massiven Bedrohungen. Auf dem Weg zum Parlament versuchte eine schreiende Menge, ihn vom Pferd zu reißen. Als er einmal zu Fuß durch eine solche Menschenansammlung ging, ertönte der Ruf: „Schlagt ihn nieder!" Nur in letzter Minute konnte ein tätlicher Angriff gegen ihn abgewehrt werden.

In die starren Tory-Ansichten ihres Mannes hatte sich Friederike vollkommen hineingelebt. Sie unterschieden sich wenig von dem, was sie aus ihrem unmittelbaren Kreis aus

155

Berlin kannte. Sie stand den liberalen Strömungen, die durch die revolutionären Wirren von 1830 in Frankreich ausgelöst worden waren, völlig verständnislos gegenüber. Sie verabscheute und verurteilte auf das Entschiedenste jegliche Revolution als Frevel gegen Gott, ganz im Sinne ihres Mannes, ihres königlichen Schwagers in Berlin und ihrer beiden Brüder. Sie sah überall die „Saint-Simons" am Werke und befürchtete böse Rückwirkungen auf das politische Leben in England.

Am 26. Juni 1830 starb König Georg IV., ohne Nachkommen zu hinterlassen, und der Herzog von Clarence bestieg als Wilhelm IV. den englischen Thron. Wilhelm galt als Verfechter freiheitlicher Grundsätze und stand auch bei den Hannoveranern in hohem Ansehen. Gleich in den ersten Monaten seiner Regentschaft ernannte er seinen Bruder, den ebenfalls liberal gesinnten Herzog Adolf von Cambridge, zum Vizekönig von Hannover. Herzog Adolf erfreute sich als langjähriger Generalgouverneur Hannovers ständig wachsender Beliebtheit in allen Schichten der Bevölkerung.

Durch den Thronwechsel war der Einfluss Ernst Augusts am englischen Hofe weiter gesunken. Hinzu kam ein Regierungswechsel. Die zerstrittenen Tories wurden von der Partei der liberaleren Whigs abgelöst und der neue Premierminister, Lord Grey, verlangte, mit anfänglichem Erfolg, vom König, den schriftlichen Verkehr mit dem Herzog von Cumberland einzustellen. Lord Grey setzte sich nachdrücklich für eine Parlamentsreform ein und ließ umgehend einen entsprechenden Gesetzentwurf, die Reformbill, im Parlament einbringen. Ziel dieser Neuerung war eine gerechtere Aufteilung der Wahlbezirke, Abschaffung verschiedener Privilegien für Begüterte und damit eine Ausdehnung des Wahlrechts für breite Kreise der „middle class".

Diese „Bill", wie sie kurz genannt wurde, war zwischen beiden politischen Gruppierungen heftig umstritten und hing, wenn man Friederikes Briefen aus dieser Zeit folgt, wie etwas Drohendes über dem ganzen Land. Sie unterstellte den Befürwortern der Bill, eine Revolution anzetteln zu wollen, um dann, als Leckerbissen, „pour la bonne bouche", den König abzusetzen oder umzubringen. „Das sind keine lächelnden

Aussichten", schreibt sie an Georg im September 1831, „und du wirst begreifen, dass man an Leib und Seele krank werden muss." Und an anderer Stelle heißt es: „Ich habe so viel zu lesen, zu hören, mich zu ärgern und zu ängstigen, dass für anderes wenig Zeit bleibt."

Im familiären Umfeld hatte es in den vergangenen zwei Jahren zusätzliche Aufregungen gegeben. Wilhelm, Friederikes ältester Sohn aus der Solmsschen Ehe, steckte in beruflichen und privaten Schwierigkeiten. Obwohl inzwischen neunundzwanzig Jahre alt, hatte er es bisher nur zum Leutnant in der preußischen Armee gebracht und nun kam hinzu, „dass er die Qualen der Liebe kennen lernte", wie es Friederike in einem Brief an Bruder Georg vom 22. Mai 1830 ausdrückte. Einer eventuellen Heirat standen vor allem drei Hindernisse entgegen: Zum einen galt die einundzwanzigjährige Braut, Gräfin Maria Kinsky von Wchinitz und Tettau als nicht ebenbürtig und zum zweiten war sie katholisch, drittens schien das „pecuniaire Auskommen" des jungen Paares alles andere als gesichert. Friederike wandte sich deshalb an den Fürsten von Solms-Braunfels, den Chef des Hauses und ältesten Bruder ihres verstorbenen zweiten Ehemannes, und bat darum, nach dem kürzlich erfolgten Tode zweier weiterer Geschwister des Solmsschen Hauses eine von deren Apanagen unter ihre drei Söhne zu verteilen. Doch Wilhelm, der alte „lederne Mann", schlug dieses Ansuchen rundweg ab, stimmte aber einer möglichen Heirat zu. Friederike hoffte, dass „sein Leben nun auch bald vergehen wird", und dass dessen nachfolgende Söhne Ferdinand und Bernhard mehr Einsicht zeigen würden.

Aus dem nun folgenden Briefwechsel zwischen dem Königlichen Geheimen Staatsminister von Ladenberg und dem Fürstlich Solms-Braunfelsschen Kammerrat Dr. Hüffel ergibt sich jedoch, dass die Solmsschen Kinder nach wie vor ausschließlich auf die ihnen vom preußischen Königshaus gewährten Apanagen setzen konnten.

Friederike wandte sich am 14. September 1830 von Kew aus an ihren Bruder Georg mit der innigsten flehentlichen Bitte, „Dich meines armen Wilhelm ... annehmen zu wollen. Du und ich sind die einzigen [unterstrichen], die so recht mit ihm fühlen können. Kälte [dreimal unterstrichen] würde ihn zurückstoßen und töten ... Ich bin bereit, ... in diese Heirat einzuwilligen, auch wenn sie nicht streng ebenbürtig ist, und wenn für seine Existenz leidlich gesorgt werden kann. Fritz [Sohn Friedrich Ludwig aus der ersten Ehe] wünscht ihn in dem Falle in Düsseldorf zu haben, wenn nur der König ihn noch zum Rittmeister macht ..." Nun stand nur noch die Zustimmung des preußischen Königs aus. Am 25. Mai 1831 konnte Friederike dann endlich erleichtert aus Kew von einer dreifachen Entscheidung des Königs berichten: Erstens gab der König seinen Konsens zur Heirat, zweitens überließ er dem Landesgesetz zufolge den Eltern die Bestimmung der Konfession der zu erwartenden Kinder und drittens stellte er eine Beförderung Wilhelms mit anschließender Versetzung nach Düsseldorf in Aussicht.

Die Trauung fand am 8. August 1831 in Wien statt. Auch Bruder Georg nahm an den Hochzeitsfeierlichkeiten teil. Friederike bedankte sich bei ihm für die Beschreibung ihrer Schwiegertochter, die mit dem Bericht ihrer Tochter Friederike übereinstimme, „und von allen Seiten nur Gutes" enthalte.

Anfang des Jahres 1832 treiben die Auseinandersetzungen um die Bill ihrem Höhepunkt zu. Friederike verlässt Kew und begleitet den Herzog nach London, um ihm in dieser schwierigen Zeit nahe zu sein. Während Ernst August an der Parlamentsdebatte teilnimmt, schreibt sie an Georg: „Auf jeden Fall aber ist es wie der Tag einer Schlacht, an welchem man für seine Lieben zittern darf, ohne Gott missfällig zu werden." Und weiter heißt es: „... alle zwei Stunden erfahre ich (aber bloß mündlich durch einen von des Herzogs Leuten), was im Parlament vorgeht." Ernst August kommt meistens erst weit nach Mitternacht von den Parlamentssitzungen nach Hause und berichtet dann ausführlich von dem Gang der Verhandlungen. Er ist seelisch und körperlich sehr mitgenommen. „Mein Herzog schwimmt in Tränen, umso mehr als der Herzog sich nur so schleppen kann, so angegriffen ist er. Gott möge uns beistehen. Die Frage ist jetzt: Soll es in England einen König oder eine Republik geben?" Im weiteren Verlauf des Briefes an Georg wird von Drohungen gegen König und Königin berichtet, für den Fall, dass die Bill nicht durchgehe. „Man solle sich ein Beispiel an Marie Antoinette nehmen!" Friederikes Briefe werden immer sorgenvoller. „Meine einzige Zukunft und Hoffnung ist Gott und Gott allein!!!" Und sie fügt an: „Heute vor siebzehn Jahren [29. Mai 1815] war unser Heiratstag im lieben friedlichen Strelitz und ach, was liegt alles dazwischen!!!" Dann, am 4. Juni 1832, teilt sie beiden Brüdern mit: „Die Bill ist durch!" Ihre Nerven sind so angegriffen, dass sie kaum die Feder halten kann. Auch der Herzog bedarf dringend der Ruhe. Beide fahren zurück nach Kew, um sich zu erholen.

Ein tragischer Unglücksfall

All diese fortwährenden politischen Querelen spielten sich vor dem Hintergrund eines tragischen familiären Schicksalsschlages ab. Schon seit geraumer Zeit machte sich Friederike Sorgen um ihren jüngsten Sohn Georg. Während der Parlamentsdebatten schrieb sie vom St. James Palace aus an ihren Bruder in Neustrelitz: „Wenn ich den ganzen Tag auf den Knien läge, um Gott für dieses Kleinod zu danken, so würde ich dennoch glauben, nicht genügend getan zu haben, so herrlich geschieht die Entwicklung seines Geistes und seines Gemüts ... und das heiß geliebte, herrliche Kind hat das Unglück, auf dem einen Auge zu erblinden." Die Ursache hierfür sah Friederike in einer nicht näher beschriebenen „grässlichen Krankheit", als deren Folge sich das rechte Auge entzündete und grün färbte. Diese Verfärbung ging zwar wieder zurück, aber die Sehkraft verschlechterte sich zusehends. Die Eltern versuchten, jeden Eindruck zu vermeiden, es könne sich um eine erblich bedingte Erblindung handeln. Georgs Großvater, König Georg III., war im Alter erblindet und auch sein Vater hatte sich 1827 einer Augenoperation unterziehen müssen. Friederike suchte Trost in der Hoffnung, dass diese unglückliche Entwicklung auch eine positive Seite haben könne, denn „zum Glück stärkt sich das andere Auge, das, Gottlob, völlig gesund ist." Wahrscheinlich handelte es sich bei Georgs Krankheit um ein Glaukom, auch als „grüner Star" bezeichnet. Ausgelöst wird dieses Leiden durch eine Steigerung des Augeninnendrucks, der eine Schädigung des Sehnervs bewirkt und bis zur Erblindung führen kann. Die Farbbezeichnung „grün" beruht darauf, dass die durch den Druck erweiterte Pupille einen grünlichen Reflex zeigt. In der Regel erkranken beide Augen, wenn auch die Drucksteigerung sich oft nur einseitig zeigt.

Ein Jahr darauf ereignete sich ein verhängnisvolles Unglück, über dessen Zeitpunkt, Ablauf und Ort unterschiedliche Versionen existieren. Hier wird die Unfallschilderung übernommen, die sich aus einem Brief Friederikes aus Kew vom 19. September 1832 an beide Brüder, Carl und Georg, in Berlin ergibt: „Die letzten acht Tage habe ich in der allergrößten Besorgnis zugebracht; nun, da es gottlob wieder besser wird, will ich es dir und Georg mitteilen ... Am vorigen Dienstag (gestern acht Tage) spielte Georg im Garten, und da er einige Arme draußen sah, machte er sich die Freude, ihnen Almosen zu geben; er kehrte zurück, schwang seine Börse sehr vehement im Kreise herum und schlug sich die mit Silber beladene Geldbörse aufs Auge ... auf das linke, welches sein gutes Auge ist. – Er empfand, wie er sagt, keinen heftigen Schmerz, doch lief er hinauf, sich das Auge zuhaltend, um es sich abwaschen zu lassen. Es war wenig geschwollen und nur das Augenlid ein wenig gerötet. Der Haupteffekt des Schlages scheint leider das Innere des Auges getroffen zu haben, denn obgleich er, Gott sei gedankt und gepriesen, seit einigen Tagen wieder deutlicher sieht, ich möchte fast sagen ganz deutlich, so war das arme Engelskind doch zwei Tage ganz blind ..."

Die in kurzen Zeitabständen folgenden Briefe, jetzt meistens an den Bruder Georg, der wieder in Neustrelitz ist, zeigen, wie sehr sich die Eltern an jeden Hoffnungsschimmer klammern. So ist die Rede davon, dass Georg die Zeit auf einer Uhr ablesen könne, dass er Leute im Park auf 70 Schritte erkannt und auch die Anzahl der Schornsteine auf einem Haus richtig angegeben habe.

In London werden fünf Augenärzte konsultiert, die den

Eltern nur geringe Hoffnungen machen können, aber doch mit einer Therapie beginnen. Friederike schildert ihrem Bruder die Behandlung: „Die angewandten Mittel sind Blutegel und Zugpflaster, auch innerliche Mittel, und es ist bisher merkwürdig, wie nach jeder Blutentleerung das Auge sich gebessert hat. Die Ärzte glauben auch, dass ein kleines Blutgefäß sich im Innern des Auges entleert hat und dass die Blutegel, indem sie die Gefäße leeren, sie fähig machen, das deponierte Blut wieder nach und nach aufzufangen ..."

Der Krankheitsverlauf ist schwankend. Das Kind, Georg ist inzwischen vierzehn Jahre alt, wird immer wieder geschröpft, dann kommt es zu kurzfristigen Besserungen, aber auch zu immer ernsteren Rückfällen. Die Ärzte erklären schließlich, dass es sehr zweifelhaft sei, ob Georg jemals das Augenlicht wiederbekommen würde. „Ich war ganz wie vernichtet", heißt es in einem Brief an Bruder Georg, „der Herzog nicht weniger, und ich hätte mit Wonne und Freude mir meine beiden Augen ausgerissen, wenn eine Stimme vom Himmel mir hätte hörbar werden können, um mir zu sagen, dass dieses Opfer gefordert würde, um den lieben Engel zu retten ..."

Auf Anraten der Ärzte beschließt die Familie, den Herbst und Winter in Hastings zu verbringen, um in dem „ganz einsamen Ort" Ruhe zu finden und vor Nord- und Ostwinden geschützt zu sein. Auch in späteren Jahren, so das ärztliche Urteil, müsse Georg ganz seiner Gesundheit leben, und, um das Blut nicht zum Auge zu treiben, sich still und ruhig verhalten.

Trotz aller Hoffnungen konnte bald kein Zweifel mehr bestehen, dass mit der völligen Erblindung des Prinzen zu rechnen sei. Die Ärzte hielten es für ihre Pflicht, den Herzog von Cumberland darauf hinzuweisen. Aber der Herzog wollte sich nicht überzeugen lassen. Es erschien ihm unmöglich, dass sein Sohn blind werden könne. Hart fuhr er die Ärzte an, die ihm solches zu sagen wagten. Zu diesem Zeitpunkt konnte es nämlich bereits als sicher angesehen werden, dass er oder sein Sohn nach dem Tode Wilhelms IV. die Erben des Hannoverschen Thrones sein würden. Stellte nun etwa die Blindheit des Thronfolgers dessen Thronfähigkeit in Frage? Die Eltern wollten sich mit diesem Schicksal nicht abfinden. Nachdem auch die Konsultation verschiedener nichtärztlicher Heilkünstler keine Besserung bewirkt hatte, entschloss sich der Herzog, mit seiner Familie nach Berlin zurückzukehren, um den berühmten Augenarzt Dr. Graefe aufzusuchen. Dieser hatte 1827 bei Ernst August eine erfolgreiche Augenoperation vorgenommen. So reiste die Familie im Frühherbst 1833 nach Berlin zurück, wo die Hofhaltung unverändert fortgeführt worden war. Erich Rosendahl, Biograf des späteren Königs Georg V., vermutet, dass die frühe Erblindung für die weitere Entwicklung des Prinzen von höchster Bedeutung gewesen sei. Der vierzehnjährige Prinz, bis dahin ein aufgeschlossener, an vielem, besonders an Büchern, interessierter junger Mensch, war von nun an auf das angewiesen, was andere ihm vorlasen oder mitteilten. Natürlich hatte sich der Vierzehnjährige noch kein eigenes Urteil bilden können, und nun schuf er sich ein Staatsverständnis nach den Vorträgen seines rückwärts gewandten Onkels Carl und den Einflüssen seiner ähnlich gesinnten Mutter. Sein Vater verbrachte die meiste Zeit des Jahres nach wie vor in England. Das auf diese Weise vermittelte Bild stand nicht immer mit den tatsächlichen Gegebenheiten in Einklang. Georg wuchs dadurch in Denkschemata hinein, deren Richtigkeit er selber kaum nachprüfen konnte.

„Luisens fürstliche Schwester ist Hannovers Königin"

POLITISCHE WIRREN UND EIN NEUER RANG

Endlich wieder in Berlin

*F*riederike war glücklich, wieder in Berlin zu sein. „War auf dem Ball der Gräfin Redern," schreibt sie nach Neustrelitz, „war brillant und höchst elegant, Tanz!!!" Sie berichtet von der Freude, Jugendbekanntschaften aus Darmstadt wiedergetroffen zu haben. Die Briefe aus dieser Zeit ähneln auf den ersten Blick denen aus der Berliner Zeit in den zwanziger Jahren, wenn da außer den Berichten über Bälle und Feten nicht noch etwas wäre. In fast allen Briefen kommt die Sorge um Georgs Augenlicht zum Ausdruck. Dr. Graefe, der Georg nach wie vor ärztlich betreut, ist meistens „nicht voll zufrieden".

Die Gräfin Liegnitz hatte den vierzehnjährigen Prinzen unmittelbar nach der Rückkehr aus England wiedergesehen und notierte voller Mitgefühl: „Gestern ging die Cumberländische Familie hier durch mit dem kleinen Prinzen Georg, der leider gar nichts mehr sieht, es ist recht wehmütig anzusehen. Er ist heiter, voller Hoffnung und ein hübscher gescheiter Junge."

Im Juli 1835 fahren Mutter und Sohn zur Kur nach Bad Pyrmont. Friederike klagt über die Hitze von 28 Grad und ist auch sonst etwas enttäuscht: „Pyrmont scheint mir leer", heißt es in einem Brief an Georg, „und was da ist, unbedeutend, und ich bin nicht ausgewesen, wohne aber noch an der Allee, da wo ich vor achtunddreißig Jahren als neunzehnjährige Witwe mit dem hochseligen König wohnte! Und denk dir den Kontrast!"

In mehreren deutschen Staaten kam es in den dreißiger Jahren zu politisch motivierten Unruhen. Besonders an den Universitäten wurde die Forderung nach Mitspracherecht der Bürger immer lauter. Auch im Königreich Hannover war es zu kleineren Aufständen in Osterode und Göttingen gekommen. Der englische König Wilhelm IV. sah sich zum Handeln veranlasst. Er regte die Ausarbeitung einer Verfassung für das Königreich Hannover an, die unter Leitung des Göttinger Geschichtsprofessors Friedrich Christoph Dahlmann in zwei Jahren fertig gestellt wurde und am 26. September 1833 Gesetzeskraft erlangte. Dieses „Staatsgrundgesetz" sah ein Zweikammersystem vor: Die erste Kammer wurde von dem grundbesitzenden Adel besetzt, während sich die zweite Kammer aus Vertretern des Bürgertums und der Bauernschaft, den Ständen, zusammensetzte und diesen politische Mitwirkungsrechte einräumte. Die Zustimmung Ernst Augusts, dessen Thronfolge zu diesem Zeitpunkt schon als sicher angesehen werden konnte, hatte man nicht eingeholt, da man seine ablehnende Haltung zu kennen glaubte. Ein folgenreicher Fehler, wie sich später herausstellte.

Im Mai 1837 war in Hannover eine neue „Diät", also eine neue Sitzungsperiode, der Stände eröffnet worden. Während die Ständeversammlung tagte, um verschiedene Projekte, allem voran den Eisenbahnausbau, zu erledigen, trafen aus England beunruhigende Nachrichten über den Gesundheitszustand des Königs ein. Sorge vor den Folgen des zu erwartenden Thronwechsels griff um sich. Man fürchtete einen damit verbundenen Systemwechsel, denn von dem Herzog von Cumberland war bekannt, dass er manche Bestimmungen des Staatsgrundgesetzes nicht billigte. Im ganzen Land war die Bedrückung zu spüren, den wegen seiner liberalen Anschauungen so beliebten König zu verlieren.

Am 20. Juni 1837 starb auf Schloss Windsor Wilhelm IV. im zweiundsiebzigsten Lebensjahr und im siebenten Jahr seiner Regierung. Diese Nachricht wurde den in Hannover tagenden Ständen an demselben Tage mitgeteilt. Gleichzeitig wurden sie über den Regierungsantritt Ernst Augusts unterrichtet, der sich zu dieser Zeit in London aufhielt. In England trat Wilhelms achtzehnjährige Nichte Viktoria die Thronfolge an. Da nach dem für das Königreich Hannover geltenden Gesetz die weibliche Erbfolge bei Vorhandensein eines erbfähigen männlichen Abkömmlings der Königsfamilie ausgeschlossen war, fiel die hannoversche Königswürde zwangsläufig dem nächstältesten Bruder des verstorbenen Königs, dem Herzog von Cumberland, zu. Damit endete die seit 1714 bestehende Personalunion mit England.

Friederike wird Königin

Am 25. Juni 1837 schien Berlin in flirrender Aufregung zu sein, jedenfalls soweit es die Prachtstraße „Unter den Linden" betraf. Zu beiden Seiten der breiten Allee stauten sich Kutschen, unmittelbar vor dem Haus Nr. 2 war die Equipage des Kronprinzen zu erkennen. Diener in Livrée rissen Wagenschläge auf, festlich gekleidete Paare eilten die Treppe zum Cumberlandhaus hinauf, um der Königin von Hannover ihre Aufwartung zu machen: Friederike, geborene Prinzessin von Mecklenburg-Strelitz, war Königin von Hannover geworden!

Für Friederike hieß es aber auch, wieder Abschied zu nehmen, Abschied von Berlin. Zum letzten Mal stand sie im Mittelpunkt der höfischen Gesellschaft und nahm Huldigungen und Ehrerbietungen entgegen. Sie lächelte, gewinnend wie immer, aber ihren Bewegungen fehlte die frühere Geschmeidigkeit. Steif sei die Königin gewesen, hieß es später, der neuen Würde entsprechend, vermuteten andere. Nur wenige erahnten etwas von der inneren Erstarrung, von dem Schmerz, mit der räumlichen Entfernung auch das letzte Band zu Luise, der nach wie vor geliebten und betrauerten Schwester, zu verlieren.

Es war ein Abschied nach vielen Seiten. Auch der Brief Ernst Augusts aus London, der Friederike am 24. Juni erreichte, war in trüber Stimmung geschrieben. „Der Gedanke, England für immer zu verlassen, macht mich traurig", hieß es darin, „die Last, die auf meinen Schultern liegt, gibt mir viel zu denken, und ich bitte den Allmächtigen jeden Tag, mich in meinem

165

neuen Amt zu lenken und zu leiten, damit ich mich einigermaßen nützlich erweisen kann, alles dies macht mich verzagt."

Die Ankunft des Königs in Hannover wurde für den 27. Juni erwartet. Die Reise verzögerte sich jedoch etwas und Ernst August traf erst am Abend des folgenden Tages in der Residenzstadt ein. Der Stadtdirektor empfing den König im Namen der Stadt mit einer Ansprache und überreichte die Stadtschlüssel auf einem seidenen Kissen. Der König erwiderte: „Sie kennen meine Liebe zu diesem Lande und dieser Stadt, wo ich meine Jugend verlebte, der Vorsehung hat es gefallen, mich auf den Thron meiner Väter zu berufen; ich werde den Hannoveranern ein gerechter und gnädiger König sein." Der König stieg anschließend, wie immer bei seinen früheren Besuchen, im Fürstenhof ab, wo er von seinem jüngeren Bruder, dem bisherigen Vizekönig, Herzog Adolf von Cambridge, empfangen wurde.

Einen Tag nach seiner Ankunft, am 29. Juni 1837, ordnete der König die Vertagung der Ständeversammlung an. Ernst August war durch seine häufigen Englandaufenthalte zwar mit den dortigen politischen Angelegenheiten vertraut, kannte aber die hannoverschen Verhältnisse nur ungenau. Diese Unkenntnis und vielleicht auch der Einfluss einseitiger Darstellungen trugen maßgeblich dazu bei, dass er sich eine falsche Meinung von den hannoverschen Gegebenheiten bildete, das Staatsgrundgesetz als eine Frucht revolutionärer Tendenzen verabscheute und die Hannoveraner für verführte Untertanen hielt.

Paragraph 13 des Staatsgrundgesetzes verpflichtete den König, seinen Regierungsantritt durch Patent zu verkünden und in diesem die unverbrüchliche Aufrechterhaltung der Landesverfassung bei seinem königlichen Worte zu geloben. Stattdessen erließ Ernst August am 5. Juli 1837 ein Patent, in dem er erklärte, dass er sich durch das Staatsgrundgesetz von 1833 weder in formeller noch in materieller Hinsicht gebunden erachten könne; eine Entscheidung werde er aber nicht vor der sorgfältigen Prüfung aller Verhältnisse treffen.

Der Herzog von Cambridge hatte mit großer Anstrengung

und Eile seine Angelegenheiten geordnet und war am Abend des 4. Juli nach England abgereist. Die Herzogin folgte ihm mit ihren Kindern zwei Wochen später.

Einzug in Hannover

Am 14. Juli 1837 begab sich der König nach Schladen, um die Königin, die an diesem Tage mit dem Kronprinzen aus Berlin eintraf, zu empfangen. Hofmarschall Malortie verfasste einen ausführlichen Bericht über den Einzug der Königin. Gleich beim Überschreiten der Grenze nahe bei Wöltingerode, ungefähr 15 Kilometer nordöstlich von Goslar gelegen, wurde sie von einem Vertreter des Bauernstandes mit einer kleinen Ansprache begrüßt, die mit dem Ausruf endete: „Heil uns! Luisens fürstliche Schwester, die würdige Erbin jener seltenen Tugenden der Häuslichkeit und des Throns, welche die hohe Verblichene in sich vereinigte, Friederike von Mecklenburg-Strelitz ist Hannovers Königin!" Friederike, sichtlich bewegt, versicherte mit fast erstickender Stimme, dass sie nie aufhören werde, dem Vorbilde ihrer „verewigten Schwester Luise", wo und wann immer sie könne, nachzustreben.

Von Schladen aus begab sich das Königspaar nach Derneburg, dem Landsitz des ehemaligen hannoverschen Staatsministers Graf Münster, übernachtete dort und setzte am 15. Juli die Reise nach Hannover fort. Dort war alles zum feierlichen Empfang vorbereitet. Von der Grenze des Königreichs ab wurde die Kutsche der Königin von Marstallspferden gezogen, begleitet von einer Eskorte der königlichen Leibgarde. Um vier Uhr verkündete der erste Kanonenschuss ihre Annäherung an die Stadt. Der König ritt, umgeben von einem zahlreichen und glänzendem Gefolge, dem Wagen der Königin voran. Am Ägidientor, wo eine Ehrenpforte errichtet worden war, empfing der Magistrat die Königin mit einer Ansprache.

Unter dem Donner der Kanonen und dem Geläute aller Glocken bewegte sich der Zug dann zum Schloss Herrenhausen, wo die Staatsminister, das diplomatische Corps, der Hof und sämtliche Offizierscorps versammelt waren. Der König empfing die Königin vor dem großen Portal unter dem Balkon und beide begaben sich in den oberen Saal, wo sie sich lange mit den dort anwesenden Würdenträgern unterhielten. Abends war die ganze Stadt festlich erleuchtet.

Es muss für alle ein sehr bewegendes Erlebnis gewesen sein. Friederikes Sohn Georg erinnerte sich noch drei Jahrzehnte später an diesen Abend. In einem Brief an seine Tante Marie, die verwitwete Großherzogin von Mecklenburg-Strelitz, schilderte er seine damaligen Eindrücke: „Ich schreibe dir an dem Tage [15. Juli 1868], an welchem vor 31 Jahren meine nun in Gott ruhende geliebte Mutter als Königin und ich als Kronprinz in unserer teuren königlichen Residenzstadt so wie in unser teures Herrenhausen einzogen und als wir von dem Könige, meinem hoch verehrten Vater, zu Pferde, geführt, die Erleuchtung der Stadt bewunderten."

Die hannoversche Monarchie bedurfte zur Thronbesteigung keines besonderen staatsrechtlichen Aktes. Es gab keine Krönungshandlung, es gab auch keine Krone. Erst zur Vermählung des Kronprinzen mit Marie von Sachsen-Altenburg im Jahre 1843 wurde die Anfertigung eines solchen Herrschaftssymbols in Auftrag gegeben. Um dem Ereignis des Thronwechsels dennoch königlichen Glanz zu verleihen, fand am 17. Juli 1837 eine große Cour in Herrenhausen statt. König und Königin standen vor dem Thron und nahmen zusammen mit dem Kronprinzen die Ergebenheitsadressen der Minister, des diplomatischen Corps sowie der Vertreter der Stände entgegen. Der König trug die Uniform der englischen Husaren und sah mit seinem breiten Schnurrbart imposant aus. Das größte Interesse und die meisten Blicke richteten sich jedoch auf Friederike. Der Ruf ihrer Schönheit und Anmut war ihr von Berlin nach Hannover vorausgeeilt und jetzt verglich man die Erwartungen mit der Wirklichkeit. Das Ergebnis fiel nicht unbedingt zu Gunsten der Königin aus.

Friederike, fast sechzigjährig und kränkelnd, hatte nur noch wenig Ähnlichkeit mit der einst „schönsten Prinzessin Europas". Man muss sie sich anhand der wenigen Altersbilder zu der Zeit ungefähr so vorstellen: Nicht mehr schlank, mit etwas herben Zügen im Gesicht und nach der damals herrschenden Mode äußerst unvorteilhaft gekleidet: Große, pludrige Kleiderärmel lassen die ganze Gestalt plump aussehen, die am Hut befestigten künstlichen dunklen Locken machen das Gesicht alt.

Auch der Kronprinz wurde aufmerksam beobachtet. Es war bekannt, dass er auf einem Auge bereits erblindet war, und die geringe Sehkraft des anderen Auges durch eine bevorstehende Operation gerettet werden sollte. Der Erfolg dieser Operation erschien von höchster Wichtigkeit für den Fortbestand der Dynastie. In der europäischen Geschichte war die Thronbesteigung durch einen blinden Monarchen, soweit man wusste, noch nie vorgekommen und auch Paragraph 14 des Staatsgrundgesetzes sah die Einsetzung eines Stellvertreters bei Minderjährigkeit des Königs oder einer „sonstigen" Verhinderung an der Ausübung der Regierung vor. Georg bewegte sich geschickt, man merkte ihm seine Behinderung kaum an, aber die Bedenken blieben.

Konflikte um das Staatsgrundgesetz

Ernst August konnte sich nach seiner Thronbesteigung nicht auf die ungeteilte Zustimmung seiner Untertanen verlassen. Einerseits galt der sechsundsechzigjährige Monarch als tapferer Soldat und engagierter Politiker, andererseits fürchteten jedoch viele aufgeschlossene Bürger und Gelehrte seine Fortschrittsfeindlichkeit und seinen Starrsinn in gesellschaftspolitischen Fragen. Der Konflikt um das Staatsgrundgesetz schwelte. Befangen in den Ansichten des Berliner Kreises um den Kronprinzen, bestärkt durch seinen Schwager, den Prinzen Carl, war Ernst August fest entschlossen, das Staatsgrundgesetz außer Kraft zu setzen. „Es bestand früher", so pflegte er sein Staatsverständnis zu umreißen, „zwischen dem Fürsten und seinem Volk das Verhältnis eines Vaters zu seinen Kindern – und der Kinder zu ihrem Vater. Was könnte schöner und beglückender sein als ein solches Verhältnis?"

Die Vossische Zeitung vom 9. August 1837 schenkte den Vorgängen in Hannover große Beachtung und kritisierte die

Haltung Ernst Augusts in einer für die damalige Zeit ungewöhnlich scharfen Form: „… Gleichwohl dürften es Gründe
der Staatsklugheit sein, dass man sich bei einem Unternehmen der Art von Obenherab nicht ganz und durchweg über
alle Formen hinwegsetze." Das Blatt wusste darüber hinaus
zu berichten, „das Kabinett einer großen deutschen Macht,
auf dessen Ansichten König Ernst August Gewicht legt, soll
geraten haben, nicht mit Übereilung zu Werke zu gehen und
der König ist veranlasst worden, einzulenken."
Zunächst wurde die sich anbahnende Krise aufgeschoben.
Friederike kränkelte und auf Anraten der Ärzte begab sich das
Königspaar nach Karlsbad. Eine Kur sollte, wie auch in früheren Jahren, Linderung verschaffen. Friederike wäre lieber nach
Teplitz gefahren, einem Ort, mit dem sich für sie so viele Erinnerungen verknüpften. Aber da ihre inzwischen verwitwete
Schwester Therese von Thurn und Taxis ihren Besuch in
Karlsbad für eben diese Zeit angekündigt hatte, stimmte sie
dem Aufenthalt in Karlsbad zu. Ernst August versprach sich
viel von einem Treffen mit dem ebenfalls in Karlsbad weilen-
den österreichischen Staatskanzler Metternich, der für seine
ehernen politischen Grundsätze bekannt war und ebenso wie
Ernst August jede Form bürgerlicher Mitwirkungsrechte auf
das Schärfste ablehnte.
Ernst August und Friederike trafen am 5. August 1837 in
Karlsbad ein und stiegen im „Rothen Herzen", Auf der alten
Wiese ab. Gleich am ersten Abend gab Metternich ein Essen
zu Ehren des Königspaares. Der erfahrene Staatsmann riet
wider Erwarten von einem Verfassungsbruch ab und plädierte
für Verhandlungen mit den Ständen des Landes. Aber Ernst
August nahm nur den Teil der Ratschläge wahr, der seinen
tief verwurzelten Überzeugungen entsprach. „Ich werde die
Stände anhören und dann fortschicken", erklärte er Friederike
gegenüber, die in einem Brief an Bruder Georg vom 12. August
das Ergebnis allerdings so zusammenfasste: „Metternich ist
mit dem König vollkommen einverstanden, sowohl über das
Was als über das Wie." Ähnlich schilderte auch Therese das
Zusammentreffen in einem Schreiben an den Bruder Carl in
Berlin: „Fürst Metternich hatte eine dreistündige Unterredung

mit dem König und ich kann dir zu deinem Troste sagen, dass er nachher zu Friederike sagte, dass man sich auf den Beistand Österreichs verlassen könnte …. Ika trägt mir auf, dir das zu sagen, lieber Carl, weil sie weiß, es wird auch dich freuen." Metternich kehrte kurz nach diesen Unterredungen nach Wien zurück.

Die königlichen Gäste fühlten sich bestätigt und gerüstet für die kommenden politischen Auseinandersetzungen und tauchten in den gleichförmigen Rhythmus des Badelebens ein. Man traf sich am Vormittag zur Trinkkur in der großen Wandelhalle an der Tepl, verabredete sich für den Nachmittag zum Tee, am Abend machten Angehörige des meist österreichischen Hochadels dem hannoverschen Königspaar ihre Aufwartung, und doch war alles anders als vor fünfundzwanzig Jahren. Friederike fühlte sich fremd in Karlsbad. Ihr fehlten die Vertrauten von damals und ihr fehlten die Verehrer. Tröstlich hingegen war die Gegenwart der Schwester, „hier verlebte ich mit unserer Ika vierzehn recht glückliche Tage", schrieb Therese kurz vor ihrer Abreise an Carl in Berlin, „ich lernte den König kennen und daher auch seinen Verstand und seine Grundsätze sehr schätzen."

Bemerkbar machte sich in dieser Saison auch allenthalben, dass Karlsbad nicht mehr „in Mode" war. Im Vergleich zu früheren Jahren fehlten auf der Badeliste fast tausend Personen und man vermisste das oft so glänzende und rauschende Leben. Es kam vor, dass sich zu einer Réunion nicht ein einziger Besucher einstellte. Man bevorzuge jetzt eher Bad Ems oder Kissingen, hieß es. Vielleicht spielte auch die Furcht vor einem für möglich gehaltenen Erdbeben eine Rolle, niemand wusste es genau zu sagen, aber es drückte die allgemeine Stimmung. Astrologische Berechnungen hatten für das Jahr 1837 ein Erdbeben in dieser Gegend zutreffend erscheinen lassen. In allen Zeitungen war ausführlich darüber berichtet und gewarnt worden. Am 6. September reiste das Königspaar ab und traf zwei Tage später in Hannover ein. Friederike hatte sich kaum erholt.

Die königliche Residenz in Hannover

Das Leben in Hannover unterschied sich ganz grundlegend von dem in Berlin mit seiner ständig spürbaren Unruhe, die alle Bevölkerungsschichten zu durchziehen schien, und es hatte nur wenig mit der vom Hofadel geprägten Atmosphäre der kleinen Residenzstadt Neustrelitz gemein. Hannover hatte um 1837 knapp 24000 Einwohner, Berlin ungefähr 200000, in Neustrelitz lebten zu dieser Zeit etwa 8500 Menschen. Während Neustrelitz durch seine sternförmige Anlage trotz der geringen Einwohnerzahl eher städtischen Charakter hatte, schien Hannover eine frühere Epoche zu verkörpern. Um zum Beispiel das Schloss zu erreichen, musste man sich, gleich von welcher Seite man kam, durch die gewundenen, schmalen und gedrängt vollen Straßen mit ihren mittelalterlichen Fachwerkhäusern quälen.

Die königliche Familie wohnte relativ bescheiden im Erdgeschoss des „Alten Palais" an der Leinstraße, nur durch blau verdunkelte Scheiben im unteren Bereich der Fenster vor neugierigen Blicken Vorübergehender geschützt. Amtshandlungen wurden in den eilends hergerichteten Prunkräumen des gegenüberliegenden Leineschlosses vorgenommen. Das Schloss selber war in einem heruntergekommenen, unbewohnbaren Zustand. Im Sommer übersiedelten der König und seine Familie nach Montbrillant, einem kleinen, wenig repräsentativen Palais an der Herrenhäuser Allee.

Durch die räumlichen Bedingungen der Stadt war der König stets für alle sichtbar. Tag für Tag ging oder ritt er, nur von einem Adjutanten begleitet, aus. Er lud gerne Gäste ein, und die An- und Abfahrt hochgestellter Herrschaften waren regelmäßig Anlass für Menschenansammlungen vor dem Schloss. Diese Umstände verliehen Ernst August einen gewissen Grad von Volkstümlichkeit. Die Regeln der Hoffähigkeit wurden auf seinen Befehl bei Einladungen in das „Alte Palais" nicht streng beachtet. Ein Gesandter aus Berlin berichtete von seinem ersten Besuch in Hannover entsetzt nach Hause: „Vorgestern lud der König den hiesigen Stadtdirektor Rumann mit allen Abgeordneten der Stände an seine Tafel, Kaufherren,

Krämer, Schiffer, reiche Landwirte und dergleichen Halbmenschen." Er versöhnte sich mit derartigen Praktiken erst, als er sah, wie streng die Etikette bei offiziellen Anlässen im Schloss eingehalten wurde. Hier hatte nur Zutritt, wer hoffähig war. Jeder Verstoß gegen vorgeschriebene Verhaltensweisen wurde geahndet. Einmal erschien einer der Minister des Königs zu einem Ball, den ein Gesandter gab, nicht ordnungsgemäß gekleidet. Er trug einen fleckigen schwarzen Rock, lange Hosen, also nicht die vorschriftsmäßigen Kniehosen mit seidenen Strümpfen, und einen großen, „ruppig aussehenden, höchst anstößigen Hut" in der Hand. Ernst August sagte zu ihm im Vorbeigehen: „Wie können Sie in einem solchen Aufzuge und mit einem solchen Hut hierher kommen? Sie sehen ja aus wie ein alter Käsehändler!" Der Minister verbeugte sich, erwiderte kein Wort und reichte am anderen Morgen sein Entlassungsgesuch ein.

Ernst August bestand auf Form und Würde. Er achtete peinlich genau darauf, was ein Mensch seiner Stellung schuldete. Er war durch und durch Aristokrat, gleichzeitig aber auch voll väterlicher Huld gegenüber seinen Untertanen, vorausgesetzt, sie fügten sich in seine Vorstellungen vom Aufbau der Gesellschaft.

Auch das Militär veränderte auf Geheiß des Königs sein Aussehen. Die roten Uniformen wurden abgeschafft und durch blaue, den preußischen sehr ähnliche, ersetzt. Eine Kabinettsverordnung verbot zugleich das Tragen von Zivilkleidung außer Dienst, was in England althergebrachter Brauch war. Den Offizieren wurde außerdem untersagt, einen, bis dahin auch in Hannover üblichen, Regenschirm zu tragen. Sogar die „Vossische Zeitung" nahm davon Notiz: „Man sieht keinen Offizier mehr mit einem Regenschirm ausgehen oder – zur Parade kommen", heißt es in der Ausgabe vom 25. Juli 1837.

Die letzten Monate des Jahres 1837 brachten sowohl persönliche wie politisch schwere Belastungen für das Königshaus mit sich. Am 21. September starb der Halbbruder der Königin, Prinz Carl, in Berlin. In die Trauer um den Verstorbenen mischten sich auch Ängste. Mit Carl verlor der König einen geschätzten Ratgeber und ein wichtiges Bindeglied zum Berliner Hof. Friederike fühlte sich, wie immer häufiger in der letzten Zeit, verlassen und einsam in einer ihr fremder werdenden Welt. Carl wurde am 23. September mit militärischen Ehren im Berliner Dom verabschiedet. Von der großherzoglichen Familie war niemand anwesend. Auch an der Beisetzung in der Familiengruft im mecklenburg-strelitzischen Mirow, eine Woche später, konnte Friederike wegen ihres Gesundheitszustandes nicht teilnehmen. Sie verfiel in einen tagelangen apathischen Zustand, sodass sich Ernst August ernsthafte Sorgen machte. Der aus Berlin herbeigerufene Arzt, der Königlich Preußische Geheime Rat Dr. von Behme, diagnostizierte „Melancholie", heute würde man von „Depression" sprechen, und empfahl einen vorübergehenden Ortswechsel nach Berlin. Aber entgegen früheren Vorlieben wollte Friederike diesmal davon nichts wissen, sie blieb in Hannover und erholte sich nur langsam.

Angesichts der unruhigen Lage im Königreich Hannover war Ernst August dankbar für ihren Beistand. Liberale Kräfte drangen auf Wiederherstellung der verfassungsmäßigen Ordnung und auf unverzügliche Einberufung der Stände. Ernst August beurteilte den Zustand seines Landes so: „Das Land ist blühend, die Bauern wirklich reich und beklagen sich über nichts. Was für ein Jammer, dass eine Handvoll schurkischer Advokaten so viel Unruhe hervorrufen und den Frieden gefährden kann, der sonst im ganzen Lande herrschen würde." Friederike stimmte ihm, wie immer, zu.

Im Bewusstsein des ihm als Monarchen zustehenden Rechts hob Ernst August am 1. November 1837 das Staatsgrundgesetz auf. Sieben Professoren der Göttinger Universität, darunter Friedrich Christoph Dahlmann und die Gebrüder Grimm, richteten daraufhin ein Schreiben an das Kuratorium der Universität. Sie betonten darin, dass sie von der Gültigkeit des Staatsgrundgesetzes überzeugt seien und es nicht stillschweigend geschehen lassen könnten, dass dasselbe ohne weitere Untersuchung und Verteidigung von Seiten der Berechtigten allein auf dem Wege der Macht zugrunde gehe. Nachdrücklich wiesen die Professoren darauf hin, dass die Jugend angesichts dieser Willkür das Vertrauen in den Staat verlöre.

Vergeblich! Am 14. Dezember wurden die sieben protestierenden Göttinger Professoren entlassen und des Landes verwiesen, Ernst August glaubte, damit die Ruhe wieder hergestellt zu haben und begab sich mit seinen beiden ältesten Stiefsöhnen, den Prinzen Wilhelm und Alexander zu Solms-Braunfels, auf die Jagd nach Goehrde.

Die Ausweisung der sieben Professoren erregte größtes Aufsehen in ganz Deutschland, den Nachbarstaaten, selbst in England. „Das Land gärt", schreibt Varnhagen in seinen Tageblättern aus Hannover, „wird sich nichts gefallen lassen, hält auf seine Rechte ...". Das Königreich steckte in einer schwierigen Situation, welche Möglichkeiten gab es, den König zur Abdankung zu zwingen? Den Kronprinzen wollte man ganz allgemein wegen seiner Erblindung nicht auf dem Thron sehen. Der Herzog Adolf von Cambridge war zwar beliebt, wollte sich aber nicht gegen seinen Bruder stellen. Es blieb also eigentlich nur die Wahl zwischen Ernst August und Preußen, dem man wohl zu Recht Eingliederungsabsichten unterstellte.

Einer der Göttinger Professoren, der Theologe und Orientalist Heinrich Ewald, wurde nach seiner Entlassung von dem König von Württemberg an die Universität Tübingen berufen. Ernst August, der den König später einmal fragte: „Warum haben Sie einen Professor angestellt, den ich fortgejagt habe?", erhielt darauf die kurze Antwort: „Eben deswegen!"

Bei großen Teilen der Bevölkerung, vor allem in ländlichen Gebieten, war Ernst August trotz allem beliebt. Diese Zuneigung wurde weitgehend auch auf die Königin übertragen, obwohl sie sich selten in der Öffentlichkeit zeigte. Friederike kränkelte nach wie vor, litt unter Magenkrämpfen und sorgte sich um die Zukunft ihres jüngsten Sohnes. Die Blindheit des Kronprinzen wurde nach außen hin so weit wie möglich geheim gehalten, um seine Ansprüche auf die Thronfolge nicht zu beeinträchtigen. Georg war sehr musikalisch, nahm lebhaften Anteil an Opern und Konzerten, wurde aber von seinem Vater nicht in die Regierungsgeschäfte eingeführt. Friederike hätte es lieber gesehen, wenn der Sohn gerade wegen seiner zunehmenden Erblindung mit der politischen Wirklichkeit vertraut gemacht worden wäre, konnte sich aber nicht durchsetzen. Ernst August liebte seine Frau zwar aufrichtig, fragte sie um Rat, war aber letzten Endes der Überzeugung, den richtigen Weg nur allein finden zu können.

Die Sorge um die Thronfähigkeit des Kronprinzen lastete schwer auf den Eltern und beschäftigte auch zunehmend die Öffentlichkeit, weit über das Königreich Hannover hinaus. So übernahm zum Beispiel die Vossische Zeitung vom 9. August 1837 einen Artikel aus der in Hannover erscheinenden „Allgemeinen Zeitung", der sich mit dem Augenleiden des Kronprinzen befasst. „Es scheint wenig Hoffnung", heißt es dort, „dass S.K.H., der Kronprinz, sein Augenlicht wieder erhalten werde, vorhanden: das eine Auge ist durchaus und ohne Rettung verloren, das andere gibt, wie es heißt, wenig Hoffnung. Die Sache wird, wenn, was Gott verhindern wolle, die demnächstige Operation nicht den gewünschten Erfolg haben sollte, in staatsrechtlicher Beziehung für unser Land von der allerhöchsten Wichtigkeit werden ... Wenn S.K.H. das Licht der Augen nicht wiedererlangen sollte, dürfte wohl ohne Zweifel der im § 14 des Staatsgrundgesetzes vorgesehene Fall einer Regentschaft eintreten."

„Die Wichtigkeit der Zeit
liegt schwer auf mir"

REPRÄSENTATIONSPFLICHTEN UND
PRIVATE PROBLEME

Neu erblühender höfischer Glanz

*H*annover war seit 123 Jahren nur dem Namen nach eine Residenzstadt. König Georg III. hatte sich während seiner langen, einundfünfzigjährigen Regierungszeit nie in Hannover aufgehalten, erst sein Nachfolger, Georg IV., hatte unmittelbar nach seiner Thronbesteigung Hannover einen zwanzigtägigen Besuch abgestattet. Eine bleibende Erinnerung an diese Visite war die Stiftung einer Nationalkokarde „von schwarzer Farbe mit einer gelben und weißen Einfassung", die jedoch nur bei Dienstuniformen getragen wurde. Die gelb-weißen Landesfarben wurden erst von König Ernst August durch Verordnung vom 23. Juli 1837 eingeführt.

Einen wirklichen Hof kannten die Hannoveraner kaum. Die Stadt war eine einfache Landstadt, weit überflügelt von anderen deutschen Hauptstädten. Dieser gewichtigen Aufgabe, der Stadt Hannover das Ansehen und die Würde einer königlichen Residenz zu geben, widmete sich Friederike mit Hingabe und Energie. Verpflichtungen dieser Art entsprachen ihren Vorlieben und sie verfügte durch ihre Zeit am Berliner Hof auch über die einschlägigen Erfahrungen. Ernst August erkannte ihre Überlegenheit auf diesem Gebiet an und ließ ihr freie Hand. Zwei Dinge lagen Friederike dabei besonders am Herzen: Zum einen der Umbau des Leineschlosses zu einer repräsentativen Residenz, zum anderen die Ausgestaltung des Hofzeremoniells mit wiederkehrenden Festlichkeiten der verschiedensten Art. Als Erstes wurden daher die Festsäle des

Schlosses nach und nach wiederhergestellt, für den Herbst 1841 war auch der Umzug der königlichen Familie in dessen Privatgemächer vorgesehen. Mit der Umgestaltung des um 1640 erbauten Schlosses wurde der Architekt und Stadtplaner Georg Laves betraut.

Das Jahr 1838 begann mit einem festlichen Neujahrsempfang. Eine glänzende Karnevalssaison schloss sich an, aller politischen Wirren ungeachtet. Hoffest reihte sich an Hoffest, besondere Höhepunkte bildeten die Geburtstage von König, Königin und Kronprinz. Der neu erblühende höfische Glanz wurde noch durch zahlreiche Besuche auswärtiger Fürstlichkeiten gesteigert. Aus den Aufzeichnungen des Oberhofmarschalls Malortie sind diese Veränderungen deutlich zu ersehen. Für das Jahr 1837 sind sechs Besuche gekrönter Häupter, darunter der Herzog von Braunschweig, der Fürst von Schaumburg-Lippe und natürlich Friederikes Lieblingsbruder Georg, der Großherzog von Mecklenburg-Strelitz, erfolgt. Im darauf folgenden Jahr stiegen einundzwanzig hohe Besucher in Hannover ab, im Jahre 1840 erhöhte sich die Zahl nochmals auf siebenundzwanzig, unter ihnen der König von Württemberg, der Fürst von Bentheim, zahlreiche Prinzen und Prinzessinnen und immer wieder die Strelitzer Verwandtschaft. Erst nach dem Tode der Königin ebbte der Besucherstrom wieder ab.

Die gesellschaftlichen Verhältnisse bei Hofe waren zum Erstaunen fremder Gäste durch eine quasi militärische Rangordnung streng geregelt. Selbst Hofdamen hatten Majorsrang. Der Hofstaat musste rangmäßig Aufstellung nehmen, wenn der König hereinkam und die Reihen abschritt. Die Schilderung eines Besuchs des Herzogs Wilhelm von Braunschweig in Hannover gibt einen anschaulichen Eindruck von dem Ablauf höfischer Festlichkeiten. „Ihm zu Ehren war Cour und Ball im Schloss, der sehr gut ausfiel", schreibt Friederike am 17. Januar 1838 an Bruder Georg. „Getanzt ward in dem schönen Saal mit den gemalten Figuren und soupiert ward im Rittersaal und den anschließenden Galerien. Außerdem waren täglich kleinere Soireen, drei Jagden und ein Ball mit Diner in der Stadt."

Außerhalb der zahlreichen Festlichkeiten vollzog sich das Leben am hannoverschen Hof in einem überschaubaren Rahmen. Der König pflegte vormittags seine Amtsgeschäfte zu erledigen, nach dem täglichen Diner, zu dem gewöhnlich zehn bis fünfzehn Gäste eingeladen waren, spielte er Billard und abends bis ungefähr elf Uhr eine Partie Whist, den Rest des Abends verbrachte er bei der Königin. Für Friederike war diese dritte Ehe eine Zeit unbekannter Harmonie. Ernst Augusts oft aufbrausendes Wesen suchte sie zu mildern, stimmte aber in allen politischen und gesellschaftlichen Anschauungen mit ihm überein. Ebenso wie er litt sie unter den Anfeindungen seiner Gegner, die sie aus tiefster Überzeugung für ungerechtfertigt hielt. Sie sorgte sich um die Gesundheit ihres Mannes, wie es in ihren Briefen immer wieder zum Ausdruck kommt. „Der König ist ziemlich wohl, aber leider nicht so, wie ich es wünschte", so am 21. Januar an Bruder Georg, „er reibt sich auf mit Arbeit; es ist eine gar zu schwere, gewichtige Zeit!!! Amen."

Auch sie selber fühlte sich zu Beginn des Jahres 1838 sehr geschwächt, sodass sie keiner Beschäftigung nachgehen konnte, selbst das Vorlesen konnte sie kaum ertragen. Als Hauptbeschwerden werden immer wieder „Unruhe in den Gliedern", „Hustenreiz", „Kitzeln in der Luftröhre" und „Schlaflosigkeit" angeführt. „Wie soll das werden mit dem Ball am 24. und mit dem großen Ball, den der König am 2. März geben will", klagte Friederike in einem Brief. Am 2. März 1838 wurde der sechzigste Geburtstag der Königin gefeiert.

Friederike hatte für Georg das Herrenhauser Schloss als Wohn- und Amtssitz des Thronfolgers herrichten lassen. Auch für sie selber waren damit, vor allem in der warmen Jahreszeit, Annehmlichkeiten verbunden. Der übliche Tagesablauf ergibt sich aus einem Brief an Bruder Georg: „So schmachte ich denn in der Stadt und tröste mich damit, dass ich täglich im Georgen-Garten (in Herrenhausen) zu Mittag speise, nach der Tafel im Freien sitze und dann, von dort aus, mit Georg spazieren fahre." Noch ein weiterer Vorteil war mit der Übersiedlung Georgs nach Herrenhausen verbunden. In dem beengten Alten Palais an der Leinstraße gab es jetzt etwas mehr Platz für

Logierbesuche. Im Juli 1838 waren Sohn Wilhelm mit Frau und fünf Kindern in Hannover zu Gast. „Alle waren hier im Schloss [im „Alten Palais"], was durch die Benutzung von Georgs Zimmer möglich geworden ist." Für den Frühsommer plante Ernst August eine Art Antrittsbesuch bei dem preußischen König in Berlin, weil dieser ihn „in seinem neuen Verhältnis" noch nicht gesehen hatte. Friederike hielt es für ihre Pflicht, ihn zu begleiten, obwohl sie die Strapazen einer mindestens vierzehnstündigen Reise scheute. „Die Wichtigkeit der Zeit liegt schwer auf mir", schrieb sie an Georg in Neustrelitz.

Sorge um die Söhne Carl und Georg

Die gesundheitlichen Probleme nahmen zu. Friederike klagte immer häufiger über Unwohlsein, lang andauernde Schwindelanfälle und Fieber. Sie zog sich in ihr Zimmer zurück und blieb der Tafel fern. Briefe schrieb sie auch immer seltener selbst, sondern diktierte sie „der guten Kohlrausch", ihrer Hofdame. Der hinzugezogene Arzt, Dr. Stieglitz, führte die Kränklichkeit auf die Hetze der täglichen Feste und die Anstrengungen des Berlinaufenthaltes zurück. „Es ist möglich", schreibt Friederike an Georg, „es ist mir aber sehr wahrscheinlich, dass der Ärger, die Betrübnis wegen meines Sohnes Carl einen großen Anteil daran haben."

Carl, der jüngste Sohn aus der Solmsschen Ehe, inzwischen fünfundzwanzig Jahre alt, hatte vor fünf Jahren, noch minderjährig, einem Fräulein von Beyer, wohl einer Hofdame, die Ehe versprochen und wollte sie jetzt heiraten. Da er die Vorbehalte seiner Familie gegen eine so unstandesgemäße Ehe erahnte, hatte er dieses Verhältnis lange geheim gehalten. Die Familie war außer sich, zumal noch erhebliche Schuldenprobleme hinzukamen. Friederikes Bruder Georg versuchte, seinen Neffen zur Raison zu bringen, ohne Erfolg. Friederikes Enttäuschung über ihren Sohn wird in einem Brief an Georg deutlich, „dass er mir noch nie Freude, nur aber unsäglichen Kummer machte, und schenkte ich ihm mal Vertrauen, so bricht er es wieder, um mich aufs Neue zu täuschen und zu betrüben."

Unter Vermittlung des Schwiegersohnes der Gräfin Luise von Voß, Oberst von Radowitz, wurde die Angelegenheit schließlich juristisch geregelt. Friederike zeigte sich erleichtert: „Nicht dankbar genug kann ich die große Güte des trefflichen Radowitz erwähnen, der sich der Sache so redlich, treu und eifrig angenommen hat." Fräulein von Beyer erhielt jährlich 2000 preußische Taler als Abfindung. Carl verließ Preußen und trat in österreichische Dienste. Durch Vermittlung Metternichs war er als Eskadronschef in das südungarische Szegedin versetzt worden.

Ungetrübte Freude scheint nur Alexander, das „schöne und gesunde Knäblein", wie das neugeborene Kind damals in Königsberg beschrieben wurde, seiner Mutter bereitet zu haben. Er wird, wie auch die anderen Kinder, nur selten in Briefen erwähnt, aber dann doch voll mütterlicher Anteilnahme. Seine Entwicklung „ist ein großer Lohn für mein mütterliches Herz, für Sorgfalt und Mühe aller Art", hatte Friederike anlässlich seiner Konfirmation an ihren Bruder Georg geschrieben. Alexander machte Karriere in der preußischen Armee, brachte es zum Königlich Preußischen Generalmajor und vermählte sich 1863, im Alter von sechsundfünfzig Jahren, mit Luise Freiin von Landsberg-Velen.

Die silberne Hochzeit des Königspaares wurde am 29. Mai 1840 in kleinem Kreis begangen, anwesend waren Kinder und Schwiegerkinder der Königin. Die Feier sollte auf Wunsch Friederikes den Charakter einer Familienfeier haben und nicht der Öffentlichkeit gehören. Zu diesem Tage hatte sie ihrem Mann ein selbst verfasstes Gedicht gewidmet, es endet:

„Doch e i n e Gabe hat kein Zeitsturm fortgerissen,
Die bring ich heute unversehrt Dir dar.
Sie hat nur stärker, fester noch wie damals sich gestaltet,
Es ist die treue Liebe, die mein Herz Dir stets bewahret,
Die Liebe, die in Ewigkeit besteht."

Die gesundheitliche Verfassung Friederikes wurde immer instabiler. Plötzliche Krampfanfälle mit nachfolgenden Schwächezuständen nahmen an Häufigkeit zu. Die Ärzte waren ratlos. Die düstere Seite ihres Wesens ergriff mehr und mehr Besitz von ihr. Der Tod ihres Schwagers, des preußischen Königs Friedrich Wilhelm III. am 7. Juni 1840, verstärkte ihren Hang zu Schwermut noch. Obwohl man versucht hatte, es ihr zu verheimlichen, hatte sie von dem Gerücht erfahren, kurz vor dem Tode des Königs sei die „weiße Frau" im Berliner Schloss erschienen. Mit diesem Phantom im weißen Gewande verbanden viele kommendes Unheil, auch wenn niemand genau wusste, was es mit diesem alten Aberglauben auf sich haben sollte. Friederike wurde von dunklen Ahnungen heimgesucht, denen sie durch häufige Abendmahlsbesuche in der Hauskapelle beizukommen versuchte.

Neue Aufregung brachte eine weitere Augenoperation des Kronprinzen. Eine erste Operation hatte Mitte Dezember 1838 stattgefunden und zaghafte Hoffnungen geweckt. Dieser Eingriff, so hatten die Ärzte damals geglaubt, könne ohne Gefahr vorgenommen werden, müsse aber eventuell wiederholt werden, wenn nicht „die Fähigkeit der Natur" nach der ersten Operation Erfolg habe. Auch Georg war gefasst, wie Friederike ihrem Bruder versicherte, „weil er nichts zu verlieren und doch etwas, vielleicht, zu gewinnen hat." Der ersehnte Erfolg stellte sich indes nicht ein.

Die zweite Operation erfolgte am 3. September 1840, wieder bemühte sich Friederike um Zuversicht. „Von meinem teuren, geliebten Patienten", so schrieb sie am 2. Oktober 1840 an Luise von Voß, „kann ich Ihnen Gottlob fortgesetzt gute Nachricht geben. Das Allgemeinbefinden ist erwünscht und der Zustand des Auges, nach der Versicherung der Ärzte, zufriedenstellend ... Der zerbröckelte Star soll sich schon um ein Geringes verkleinert haben. Gott wolle uns gnädig sein! So flehe ich unausgesetzt! Ach, es ist wohl eine schwere, harte Prüfung, das erzwungene geduldige Abwarten, das uns jetzt auferlegt ist."

Als sich kein deutlicher Erfolg einstellen will, tröstet sich die Mutter mit der Hoffnung, dass Monate, ja zuweilen Jahre vergehen könnten, ehe das Organ, das solange in Untätigkeit verharrt habe, seine volle Kraft wiedergewinne. Niemand hatte gewagt, ihr das endgültige Scheitern aller ärztlichen Bemühungen zu offenbaren. Die unerfüllbare Hoffnung auf eine spätere Wiederherstellung der Sehkraft nahm Friederike mit in den Tod.

„*That is death – das ist der Tod*"

FRIEDERIKE STIRBT IM ALTEN PALAIS IN HANNOVER

„Sie war für mich alles in dieser Welt"

Nach Beruhigung der politischen Lage plante Ernst August eine Umwandlung Hannovers in eine würdige Residenz. Es fehlte an vielem. „Die Leine sieht aus wie Erbsensuppe", hatte Friederike bei ihrem ersten Besuch spöttisch bemerkt. Daran hatte sich noch nichts geändert. Aber zunächst sollte etwas Repräsentatives entstehen. Ernst August ließ Entwürfe für den Bau eines Opernhauses erstellen. Vor dem Schloss sollte ein großer Platz angelegt werden, der Friederikenplatz. Für seine kränkelnde Frau erwarb der König in unmittelbarer Nachbarschaft zum Schloss das von dem bekannten Architekten Laves erbaute Haus des verstorbenen Generals Graf Alten, ein kleines Stadtpalais mit einem herrlichen parkähnlichen Garten, denn weder das „Alte Palais" noch das gegenüberliegende Stadtschloss verfügten über einen Garten zum Spazierengehen.

Das Leben des Königs wurde zunehmend von der Sorge um seine Frau überschattet. Friederike zog sich immer mehr zurück und nahm kaum noch an Empfängen teil. Auch ihre äußere Erscheinung zeigte immer deutlichere Altersspuren. Die Augen wirkten eingefallen, von den Mundwinkeln gingen tiefe Falten aus, die Haltung war gebeugt. „Feu mon visage", äußerte sie wehmütig, als sie nach langer Zeit ihre von Schadow entworfene Jugendbüste betrachtete, „mein Gesicht von ehedem."

Die Krankheit, die die Königin schon seit länger als zehn Wochen an ihr Zimmer gefesselt hielt, hatte am 27. Juni 1841 einen so bedenklichen Charakter angenommen, dass bei Hofe große Besorgnis bestand. Die Königin verlangte, wie immer häufiger in letzter Zeit, nach dem Abendmahl, das ihr am Nachmittag zusammen mit dem König, dem Kronprinzen und ihrer Tochter Friederike aus erster Ehe nach anglikanischem Ritus gereicht wurde. Ihr Zustand verbesserte sich am folgenden Morgen. Das Bulletin für die Öffentlichkeit vom 28. Juni hält fest: „Der gefahrvolle Zustand, in welchem Ihre Majestät am gestrigen Tage sich befanden, ist zwar vorübergegangen; jedoch ist das Befinden der hohen Kranken am heutigen Tage nicht ohne Besorgnis."

In der Nacht verschlimmerte sich der Zustand erneut und ließ Friederikes Tod für jeden Augenblick befürchten. Ernst August, der bis in die frühen Morgenstunden am Krankenbett gewacht hatte, wurde um acht Uhr erneut geweckt und eilte, kaum angekleidet, zum Krankenzimmer. „That is death, das ist der Tod", mit diesen Worten empfing ihn Friederike, dann versagte ihre Stimme. Wenige Stunden später starb sie, am 29. Juni 1841, in demselben Zimmer, in dem sie vor dreiundsechzig Jahren im „Alten Palais" geboren worden war.

„Ach, all mein Glück in dieser Welt ist vorbei", schrieb Ernst August an seinen Schwager, Großherzog Georg in Neustrelitz, „sie war für mich alles in dieser Welt, für mich ist alles verloren, denn ich kann wohl sagen, dass ich nur für sie lebte."

Das Leichenbegängnis

Das „Reglement zu dem feierlichen Leichenbegängnisse Ihrer Majestät der Hochseligen Königin Friederike von Hannover, am Mittwoch, den 7. Juli 1841" sah unter anderem folgenden Ablauf vor: Ab 9.00 Uhr läuten die Glocken sämtlicher Kirchen, zunächst in drei Pulsen bis 11.00 Uhr, dann solange die Feierlichkeit dauert. Die Leinstraße wird durch Infanterie abgesperrt. Dann wird in diesem Reglement die genaue Rang- und Reihenfolge der dem Sarg folgenden Familienmitglieder und der übrigen Trauergäste angegeben. Der Sarg wurde vom

„Alten Palais" über die Straße in die Schlosskirche getragen, wo er in der Gruft aufgestellt wurde.

Das „Reglement" legt die genaue Reihenfolge der Trauernden fest: Dem Sarge folgen: Seine Majestät der König, Seine Königliche Hoheit der Kronprinz, Seine Königliche Hoheit Prinz Friedrich von Preußen, Ihre Königliche Hoheit die Herzogin von Anhalt-Dessau, Ihre Durchlaucht Prinzessin von Schwarzburg-Rudolstadt, Seine Durchlaucht Prinz Wilhelm zu Solms, Seine Durchlaucht Prinz Alexander zu Solms, Seine Durchlaucht Prinz Bernhard zu Solms, dann folgen Staatsdamen, Hofdamen und weiterer Hofstaat sowie in- und ausländische Trauergäste. Prinz Carl zu Solms nahm an der Beisetzung seiner Mutter offensichtlich nicht teil. Die Hoftrauer wurde auf sechs Monate festgelegt.

Carls Schicksal wandte sich übrigens später dann doch noch zum Besseren. Er erreichte den Rang eines K. u. K. Feldmarschallleutnants in der österreichisch-ungarischen Armee und wurde 1866 von Kaiser Franz Joseph für besondere Tapferkeit mit dem Verdienstkreuz ausgezeichnet. Seit 1845 war er mit der verwitweten Prinzessin Sophie zu Löwenstein-Wertheim-Rosenberg verheiratet.

Im Herbst des Jahres 1841 hätten die wieder hergerichteten Privaträume des Schlosses bezogen werden sollen. Ernst August entschloss sich aber, das „Alte Palais" nicht zu verlassen. In den Räumen Friederikes durfte nichts verändert werden. Jeden Abend suchte er ihr Zimmer auf, um Trost zu finden. Schließlich beauftragte er Laves mit dem Entwurf eines Mausoleums für seine Frau und sich, das dann auch in den Jahren 1842–1847 im Berggarten zu Herrenhausen errichtet wurde.

Für das Altensche Palais setzte sich später im Volksmund die Bezeichnung „Friederikenschlösschen" durch. Es war eine der wenigen Stätten, die an Hannovers erste Königin erinnerte. Im Mai 1966 wurde mit dem Abriss des Friederikenschlösschens begonnen. Nur Teilstücke des verwilderten Parks sind heute noch zu erkennen.

Nachwort

Den Tod seiner Gemahlin hat König Ernst August nie verwunden. Er war am 5. Juni 1841, drei Wochen vor dem Ableben der Königin, siebzig Jahre geworden und fühlte sich alt und matt. Seine größte Sorge galt nun dem Kronprinzen, denn seit der nicht erfolgreichen Augenoperation vom September 1840 war es zur Gewissheit geworden, dass Kronprinz Georg zeitlebens blind bleiben würde. Ernst August hielt es daher als Vater für seine dringendste Pflicht, eine Lebensgefährtin für seinen Sohn zu suchen, als König hatte er darüber hinaus an den Fortbestand der Dynastie zu denken. Nach sorgfältiger Prüfung fiel seine Wahl auf die Prinzessin Marie von Sachsen-Altenburg. Wahrscheinlich spielten bei dieser Entscheidung auch familiäre Bindungen eine Rolle, denn Marie war eine Enkelin Charlottes, der ältesten Schwester seiner verstorbenen Frau.

Marie war als älteste von vier Töchtern des Herzogs Joseph von Sachsen-Altenburg, dem erstgeborenen Sohn Charlottes, und seiner Gemahlin Amalie Prinzessin von Württemberg, am 14. April 1818 in Hildburghausen geboren. Sie war also ein Jahr älter als der Kronprinz. Im Frühsommer des Jahres 1842 war zwischen den Höfen in Hannover und Altenburg Einigkeit über den Ehepakt erzielt worden. Die Vermählung fand daraufhin am 18. Februar 1843 mit einem großen Festakt in Hannover statt. Das Verhältnis der Ehegatten zueinander wurde sowohl von der Familie als auch von Außenstehenden als vertrauensvoll und herzlich geschildert. Kummer bereitete nur das Ausbleiben eines Thronfolgers. Endlich, am 21. September 1845, einem Sonntag, wurde die Kronprinzessin von einem gesunden Sohn entbunden. Der Großvater betrachtete das neugeborene Kind und wandte sich von tiefer Rührung ergriffen mit den Worten: „Engel, du machst mein Alter glücklich", an die junge Mutter. Das Kind wurde nach seinen Großvater auf die Namen Ernst August getauft.

Welches Ausmaß die Besorgnis um den Fortbestand der Dynastie inzwischen angenommen hatte, zeigte die Reaktion des frisch gebackenen Großvaters bei der offiziellen Vorstellung seines Enkels und künftigen Erben des Welfenthrones. Zu diesem Ereignis hatten sich auch alle Minister einfinden und in aller Form aufstellen müssen. Die Wartefrau trat ein und brachte das Kind auf einem mit Brüsseler Spitzen besetzten Samtkissen. Der Säugling selbst war mit einem feinen Spitzenschleier bedeckt. Das Kind wurde der Oberhofmeisterin übergeben, die sich dem König näherte, um ihm den Enkel zu zeigen. Der König hob den Schleier in die Höhe, lüftete den kleinen Mantel des Säuglings mit den Worten: „Sehen ist besser als glauben, gnädige Frau", winkte dann allen Ministern, die die Tatsache, dass es sich wirklich um einen männlichen Erben handelte, mit einer Verbeugung bestätigten. Dann fiel der Vorhang wieder.

Das familiäre Glück des Kronprinzenpaares erhöhte sich noch, als am 9. Januar 1848 eine Tochter Friederike und am 3. Dezember 1849 eine weitere Tochter, Mary, geboren wurden.

Die revolutionären Erschütterungen des Jahres 1848 überstand das Königreich Hannover, im Gegensatz zu anderen Territorien, ohne größere Unruhen. Während es in Berlin zu Barrikadenkämpfen mit Todesopfern kam, König Ludwig I. von Bayern abdanken und König Georg von Sachsen vor seinen aufgebrachten Untertanen aus Dresden fliehen musste, blieb es in Hannover ruhig. Ohne Industrieproletariat, ohne Arbeitslosigkeit und mit einer hauptsächlich Landwirtschaft treibenden Bevölkerung „hat die große Mehrheit der Bewohner des Landes alle Veranlassung, mit ihrem Lose zufrieden zu sein. Das bedingt, dass Hannover im Allgemeinen für die revolutionären Umtriebe keinen günstigen Boden darstellt", so beurteilte der bayerische Gesandte, Maximilian Graf von Montgelas, die Lage in Hannover.

Der Gesundheitszustand des Königs verschlechterte sich im Laufe des Jahres 1848 zusehends. Er wirkte erschöpft und verließ selten sein Zimmer. Sogar größere Festlichkeiten am Hofe, wie zum Beispiel die Feier seines 80. Geburtages, wurden nun im Erdgeschoss des Alten Palais abgehalten, während Ernst August früher großen Wert darauf gelegt hatte, Gäste im Schloss zu empfangen. Im Oktober 1851 wurde sein Zustand so kritisch, dass ein erstes ärztliches Bulletin herausgegeben wurde.

Gegen Ende des Monats trat vorübergehend eine Besserung im Befinden des Königs ein, aber seit Anfang November rechnete der Hof mit seinem unmittelbar bevorstehenden Ableben. Teilnahmslosigkeit und Schwäche hatten in erschreckender Weise zugenommen. Der König verlor die Sprache und erkannte seine Umgebung nicht mehr. Am 18. November wurde er durch einen sanften Tod erlöst. Der Kronprinz, die Kronprinzessin, sein Stiefsohn Prinz Alexander zu Solms sowie seine nächste Umgebung nahmen weinend Abschied von ihm.

Der Leichnam des Königs wurde zunächst im Thronsaal des Leineschlosses aufgebahrt. Seinem Wunsche gemäß war er in dieselbe Feldmarschallsuniform gekleidet worden, die er vor sechsunddreißig Jahren bei seiner Hochzeit mit Prinzessin Friederike in Neustrelitz getragen hatte. Oberhofmeister von Malortie hatte noch einen weiteren letzten Wunsch des Königs zu erfüllen. Er legte ihm ein Miniaturbild seiner geliebten Gemahlin unter die Uniformjacke direkt aufs Herz. Der Sarg wurde am 26. November zusammen mit den aus der Gruft des Leineschlosses überführten sterblichen Überresten Königin Friederikes in dem von Laves erbauten Mausoleum im Herrenhauser Berggarten beigesetzt. Hier fanden beide ihre letzte Ruhestätte.

Kronprinz Georg bestieg trotz seiner völligen Erblindung am 18. November 1851 als König Georg V. den hannoverschen Thron und übernahm durch Patent desselben Tages die Regierungsgeschäfte. Seine Regentschaft sollte knapp fünfzehn Jahre dauern.

Das Jahr 1866 wurde für das Königreich Hannover zum Schicksalsjahr. Wie auch andere Mittelstaaten war Hannover zwischen die Fronten der um die Vormachtstellung in Deutschland und Mitteleuropa rivalisierenden Großmächte Preußen und Österreich geraten. Kriegerische Auseinandursetzungen standen unmittelbar bevor. Am 15. Juni 1866 forderte Preußen den hannoverschen König ultimativ auf, sich einem von Preußen geführten Bündnis anzuschließen. Sollte Hannover einem solchen Vertrag nicht zustimmen oder einer klaren Antwort ausweichen, werde der König von Preußen Hannover als Feind behandeln. Georg V. glaubte sich diesen Bedingungen als „Christ, Monarch und Welf" nicht unterwerfen zu können. Die Ablehnung hatte für Hannover die unverzügliche Besetzung des Königreiches durch preußische Truppen zur Folge. Ein anfänglicher Erfolg der hannoverschen Truppen, der Sieg über ein preußisches Korps bei Langensalza, konnte die Niederlage jedoch nicht aufhalten. Am 29. Juni 1866 musste die hannoversche Armee vor der preußischen Übermacht kapitulieren. König Georg V. begab sich ins Exil nach Wien. Mit dem Annexionspatent vom 3. Oktober 1866 ging das Königreich Hannover nach siebenhundertjähriger Selbstständigkeit in Preußen auf.

Am 12. Juni 1878 starb König Georg V. in Paris. Sein Leichnam wurde nach England überführt und dort in der St. Georgskapelle in Windsor beigesetzt.

Anhang

Zeittafel

1778	2. *März*: Friederike wird im „Alten Palais" in Hannover geboren
1782	Tod der Mutter Friederike von Hessen-Darmstadt
1785	Tod der Stiefmutter Charlotte von Hessen-Darmstadt
1785–1793	Friederike wächst zusammen mit Schwester Luise bei der Großmutter in Darmstadt auf
1789	Ausbruch der Französischen Revolution
1792–1797	1. Koalitionskrieg, Österreich und Preußen (später noch weitere Staaten) verbünden sich gegen das revolutionäre Frankreich
1792	Kanonade von Valmy (20. 09.) – Die Fürstentümer Ansbach und Bayreuth fallen an Preußen
1793	24. *April*: Verlobung Friederikes mit Prinz Ludwig von Preußen
	26. *Dezember*: Hochzeit in Berlin
1794	Tod Adolf Friedrichs IV. von Mecklenburg-Strelitz. Friederikes Vater tritt als Herzog Karl II. die Regentschaft an
	30. *Oktober*: Geburt von Friederikes Sohn Friedrich Ludwig in Berlin
1795	Sonderfriede von Basel zwischen Frankreich und Preußen, Preußen scheidet aus der Kriegskoalition aus
	Geburt von Friederikes Sohn Karl Georg in Berlin
1796	30. *September*: Geburt von Friederikes Tochter Friederike in Berlin
	28. *Dezember*: Tod von Prinz Ludwig von Preußen in Berlin
1797	Tod Friedrich Wilhelms II. von Preußen, Nachfolger wird sein Sohn als König Friedrich Wilhelm III.
1798	Tod von Friederikes Sohn Karl Georg in Berlin
	10. *Dezember*: Heirat Friederikes mit Prinz Friedrich Wilhelm zu Solms-Braunfels und anschließende Übersiedlung nach Ansbach
1799	Geburt und Tod von Friederikes Tochter Caroline in Ansbach
1799–1802	2. Koalitionskrieg gegen Frankreich unter englischer Führung, Preußen bleibt neutral

191

1799–1806	Aufenthalt Friederikes in Ansbach
1801	*30. Dezember:* Geburt des Sohnes Wilhelm in Triesdorf (bei Ansbach)
1804	*25. Juli:* Geburt der Tochter Auguste in Triesdorf Napoleon krönt sich zum Kaiser der Franzosen
1805	3. Koalitionskrieg Englands, Österreichs und Russlands gegen Frankreich, Preußen bleibt neutral – Sieg Napoleons in der Dreikaiserschlacht bei Austerlitz (02. 12.)
1806	Ende des Heiligen Römischen Reiches Deutscher Nation – Napoleon gründet den Rheinbund, Mecklenburg-Strelitz tritt erst 1811 bei – Preußen, mit Sachsen und Russland verbündet, fordert ultimativ die Auflösung des Rheinbundes und den Abzug französischer Truppen aus den rechtsrheinischen Gebieten – Ausbruch des 4. Koalitionskrieges – Tod des Prinzen Louis Ferdinand von Preußen in der Schlacht bei Saalfeld (10. 10.) – Preußische Niederlage in der Doppelschlacht bei Jena und Auerstedt (14. 10.)
1806–1809	Exil der preußischen Königsfamilie in Ostpreußen, Friederike und Familie schließen sich (mit Unterbrechungen) an
1807	*12. März:* Geburt des Sohnes Alexander in Königsberg Friede von Tilsit (07. 09.)
1809–1814	Wohnsitz Friederikes mit Familie in Neustrelitz
1810	*19. Juli:* Tod von Friederikes Lieblingsschwester Luise in Hohenzieritz
1812	*27. Juli:* Geburt des Sohnes Carl in Neustrelitz Krieg Napoleons gegen Russland
1813	Beginn der „Befreiungskriege" – Niederlage Napoleons in der Völkerschlacht bei Leipzig, Auflösung des Rheinbundes Beginn der Trennung Friederikes von Prinz Solms
1814	*Januar:* Scheidung der Solmsschen Ehe *13. April:* Tod des Prinzen Solms in Slaventzitz *26. September:* Verlobung mit Ernst August, Herzog von Cumberland, in Neustrelitz
1815	*29. Mai:* Heirat mit Ernst August in Neustrelitz
1815–1818	Erster Aufenthalt Friederikes in Kew bei London
1818–1829	Wohnsitz in Berlin, im Cumberlandhaus „Unter den Linden"
1819	*27. Mai:* Geburt des Sohnes Georg in Berlin
1820	Thronwechsel in England, Georg IV. wird König
1829–1833	Zweiter Aufenthalt Friederikes in England
1830	Erneuter Thronwechsel in England, Wilhelm IV. wird König

| 1833 | Rückkehr Friederikes und ihres Gemahls nach Berlin, drohende Erblindung des Sohnes Georg |
| 1837 | *20. Juni:* Tod König Wilhelms IV. von England, Auflösung der Personalunion mit Hannover, Ernst August wird König von Hannover, in England besteigt seine Nichte Viktoria den Thron |

14. Juli: Übersiedlung der hannoverschen Königsfamilie in das „Alten Palais" in Hannover

König Ernst August hebt das Staatsgrundgesetz auf, Protest der „Göttinger Sieben"

| 1841 | *29. Juni:* Königin Friederike stirbt im „Alten Palais" in Hannover |
| 1851 | *18. November:* Tod von König Ernst August; Sohn Georg besteigt als König Georg V. den Welfenthron |

Quellen- und Literaturverzeichnis

Geheimes Staatsarchiv – Preußischer Kulturbesitz

GStPK, BPH Rep. 49 König Friedrich Wilhelm III.
Nr. 114 Fürst de Ligne an Friedrich Wilhelm III.: Befinden der Prinzessin Solms; Nr. 143 Luise an Friedrich Wilhelm III.: Krankheit des Prinzen Solms; Nr. 227 Luise an Friedrich Wilhelm III.: Innere Verfassung ihrer Schwester Friederike, Eheschwierigkeiten; Nr. 265 Königin Charlotte von England an ihren Bruder Großherzog Karl: Einstellung zu ihrer Schwiegertochter nach deren Heirat; Nr. 408 Brief Friedrich Wilhelms III. an Luise: Empfang Luises und Friederikes 1793 in Berlin.

GStAPK, BHP Rep. 100 Ministerium des Königlichen Hauses
Nr. 2235 Friederikes Heirat mit Prinz Solms; Nr. 2236 Kapitalien der fürstlich solmsschen Kinder; Nr. 2240 und 2242 Friederikes Ehe mit dem Herzog von Cumberland; Nr. 2241 Friederikes Scheidung von Prinz Solms, Briefe Friederikes und des Prinzen Solms, Scheidungsakten.

Landeshauptarchiv Schwerin

4.3-1 Mecklenburg–Strelitzisches Fürstenhaus mit Kabinett (16. Jh. bis 1918) Sachgruppe H.: Hofbeamte, Hofchargen, Hofküche, Etat, Geschirr und Geräte etc. Sachgruppe V: Vermählungen, Beisetzungen, Hoffeierlichkeiten.

4.3-2 Hausarchiv des Mecklenburg-Strelitzischen Fürstenhauses mit Briefsammlung
907–915 Briefe Friederikes an Familienmitglieder und an Graf und Gräfin Voß; 154 und 155 Briefe der Königin Friederike an Luise von Voß; 255–263 Briefe Friederikes an Georg; Tagebuch des Erbprinzen Georg über den Wiener Kongress; 254 Briefe des Prinzen Solms an Großherzog Karl.

Wagner-Karbe-Archiv Neustrelitz

„Nützliche Beiträge zu den Neuen Strelitzischen Anzeigen", 10. St, 1794, 19. Stück 1797, 31. Stück 1805.
„Neue Monatsschrift von und für Mecklenburg", 4. Jahrg. 1795 und 7. Jahrg. 1798.

Vossische Zeitung, Jahrgänge 1819 bis 1837

Benedikt, Ernst: Karl Josef Fürst von Ligne, Ein Genie des Lebens, Wien 1936
Bernstorff, Elise von: Ein Bild aus der Zeit von 1789 bis 1835, Berlin 1896
Boehn, Max von: Die Mode. Eine Kulturgeschichte vom Barock bis Jugendstil, bearb. von Ingrid Loschek, München 1986
Clary-Aldringen, Alfons: Geschichten eines alten Österreichers, 6. Aufl., Berlin und Wien 1977
Conze, Werner (Hrsg.): Staat und Gesellschaft im deutschen Vormärz 1815–1848, 2. Aufl., Stuttgart 1970. *Ders.:* Wiener Ordnung. Das Europa Metternichs, in FAZ v. 10. 11. 02
Endler, Carl August: Die Geschichte des Landes Mecklenburg-Strelitz 1701–1933, Hamburg 1935. *Ders.:* Die Geschichte der Landeshauptstadt Neustrelitz (1733–1933), Reprint der Originalausgabe Rostock 1933, Neustrelitz 1995
Engel, Hans Joachim: Reisen und Speisen mit Königin Luise, Broschüre zu den Schlossgarten Festspielen Neustrelitz 2001
Feuerstein-Praßer, Karin: Die preußischen Königinnen, Regensburg 2000
Fiedler, Siegfried: Scharnhorst – Geist und Tat, Herford und Bonn 1963
Fontane, Theodor: Balladen, in Gesammelte Werke, München 1995, Band 6
Gebhardt, Bruno: Handbuch der Deutschen Geschichte, Bd. 3, 8. Aufl., Stuttgart 1960
Genealogisches Handbuch des Adels, Band I, Glücksburg 1951
Gersdorf, Dagmar von: Königin Luise und Friedrich Wilhelm III., Berlin 1996
Hassell, W. von: Geschichte des Königreichs Hannover, Bremen 1898
Hausmann, Bernhard: Erinnerungen aus dem achtzigjährigen Leben eines Hannoverschen Bürgers, Hannover 1873
Heine, Heinrich: Sämtliche Werke in zwölf Teilen hrsg. von Paul Beyer, Karl Quenzel, Karl Hanns Egener, hier: Zwölfter Teil, 1. Hälfte, Leipzig o. J.
Kentmann, Alex: Das Herzogtum Mecklenburg-Strelitz in den Befreiungskriegen und seine Verhandlungen mit dem Zentral-Verwaltungsrat, in: Mecklenburg-Strelitzer Geschichtsblätter, 7. Jahrgang 1931
Kleßmann, Eckart: Deutschland unter Napoleon in Augenzeugenberichten, Düsseldorf 1965. *Ders.:* Die Befreiungskriege in Augenzeugenberichten, Düsseldorf 1966
Knoll, Gabriele M.: Wie Preußens Könige sich erholten. Zwischen Pyrmont und Baden-Baden, in FAZ v. 19. 7. 2001
Kuhnert, Reinhold P.: Urbanität auf dem Lande. Badereisen nach Pyrmont im 18. Jahrhundert, Göttingen 1984
Luise von Preußen, Fürstin Anton Radziwill: Fünfundvierzig Jahre aus meinem Leben (1770–1815), hg. von Fürstin Radziwill, geb. von Castellan, Braunschweig 1912
Lulves, Jean: Zwei Töchter der Stadt Hannover auf deutschen Königsthronen: Luise von Preußen und Friederike von Hannover, Hannover 1910
Malortie, C. E. von: Der Hofmarschall, Handbuch zur Errichtung und Führung eines Hofhaushalts, Hannover 1842. *Ders.:* König Ernst August von Hannover, Hannover 1861
Mander, Gertrud: Königin Luise, Berlin 1981
Mauersberg, Hans: Wirtschafts- und Sozialgeschichte zentraleuropäischer Städte in neuerer Zeit, Göttingen 1960
Nadolny, Burkhard: Louis Ferdinand. Das Leben eines preußischen Prinzen, Düsseldorf und Köln 1967

Ohff, Heinz: Ein Stern in Wetterwolken, Königin Luise von Preußen, 3. Aufl., Berlin 1996

Oster, Uwe A.: Der preußische Apoll. Prinz Louis Ferdinand von Preußen 1772–1806, Regensburg 2003

Paul, Jean: Titan, Jean Paul Werke, fünfzehnter bis achtzehnter Teil, Berlin o. J.

Pergande, Frank: Spätere Heirat dringend nötig. Politisch unbedeutend, aber von Hochadel: Vor dreihundert Jahren entstand das Herzogtum Mecklenburg-Strelitz in: FAZ v. 25. 8. 2001

Poseck, Ernst: Louis Ferdinand. Prinz von Preußen. Eine Biographie, Berlin 1938

Reuter, Fritz: Dörchläuchting, 2. Aufl., Rostock 1995

Richter, Egon: Die letzte Fahrt der Königin Luise, 3. Aufl., Berlin 1990

Rochow, Karoline von: Vom Leben am preußischen Königshof 1815–1852, Berlin 1908

Rohr, Adelheidis von: „Mein Gesicht von ehedem", Bildnisse der Prinzessin Friederike von Mecklenburg-Strelitz und späteren Königin von Hannover (1778–1841), in: Heimatland 1988

Rosendahl, Ernst: König Georg V. von Hannover, Hannover o. J.

Rothkirch, Malve Gräfin (Hrsg.): Königin Luise von Preußen, Briefe und Aufzeichnungen, 1786–1810, München 1995

Schiwy, Günther: Eichendorff, München 2000

Schoeps, Hans Joachim: Preußen. Geschichte eines Staates, Berlin und Frankfurt/M. 1995

Storch, Dietmar: Die hannoversche Königskrone, Hildesheim 1995

Taak, Merete van: Friederike, die galantere Schwester der Königin Luise. Im Glanz und Schatten der Höfe, Düsseldorf 1987

Varnhagen von Ense, Karl August: Werke in fünf Bänden, hrsg. von Konrad Feilchenfeld, hier: Band 4 Frankfurt/M. 1990 und Band 5, Frankfurt/M. 1994

Varnhagen von Ense, Rahel: Briefe an eine Freundin, Köln 1988

Vehse, Eduard: Berliner Hof-Geschichten. Preußens Könige privat, Düsseldorf und Köln 1970

Wehler, Hans-Ulrich: Deutsche Gesellschaftsgeschichte 1700–1815, 3. Aufl., München 1996

Wilkinson, C Allix: König Ernst August von Hannover. Erinnerungen an seinen Hof und seine Zeit, Braunschweig und Leipzig 1902

Willis, Geoffrey Malden: Ernst August, König von Hannover, Hannover 1961

Register

Personen

200

Orte

Bildnachweis

akg-images, Berlin: 97, 101, 102, 103, 104 unten, 105, 109 unten
Bildarchiv Foto Marburg: 104 oben
Bildarchiv Preußischer Kulturbesitz, Berlin: 99, 100 (Foto: Klaus Göken), 110 oben und unten, 111
Fachakademie Triesdorf: 107 oben
Fürst zu Solms-Braunfels'sche Rentkammer, Braunfels: 106, 107 unten, 108 oben und unten
Museum der Stadt Neustrelitz: 98 oben und unten, 109 oben
Museum für Kunst und Gewerbe, Hamburg: 112

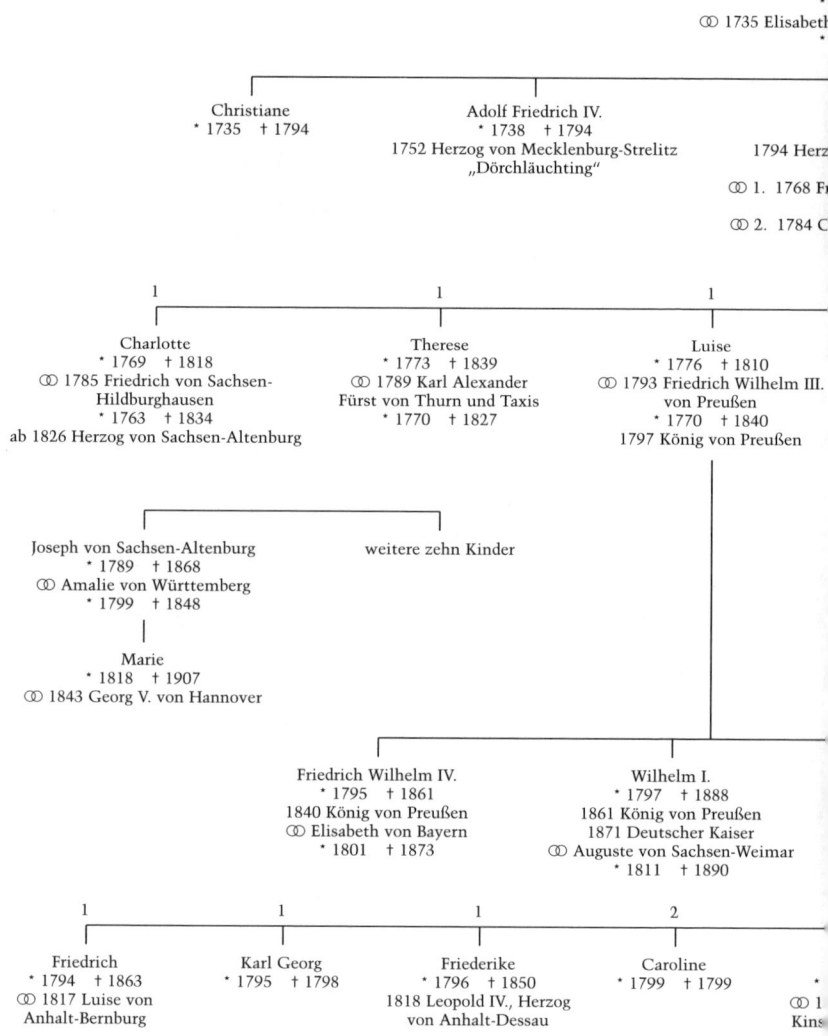

Karl I. vo
*
⚭ 1735 Elisabeth

Christiane
* 1735   † 1794

Adolf Friedrich IV.
* 1738   † 1794
1752 Herzog von Mecklenburg-Strelitz
„Dörchläuchting"

1794 Herz

⚭ 1. 1768 F

⚭ 2. 1784 C

1   1   1

Charlotte
* 1769   † 1818
⚭ 1785 Friedrich von Sachsen-
Hildburghausen
* 1763   † 1834
ab 1826 Herzog von Sachsen-Altenburg

Therese
* 1773   † 1839
⚭ 1789 Karl Alexander
Fürst von Thurn und Taxis
* 1770   † 1827

Luise
* 1776   † 1810
⚭ 1793 Friedrich Wilhelm III.
von Preußen
* 1770   † 1840
1797 König von Preußen

Joseph von Sachsen-Altenburg
* 1789   † 1868
⚭ Amalie von Württemberg
* 1799   † 1848

weitere zehn Kinder

Marie
* 1818   † 1907
⚭ 1843 Georg V. von Hannover

Friedrich Wilhelm IV.
* 1795   † 1861
1840 König von Preußen
⚭ Elisabeth von Bayern
* 1801   † 1873

Wilhelm I.
* 1797   † 1888
1861 König von Preußen
1871 Deutscher Kaiser
⚭ Auguste von Sachsen-Weimar
* 1811   † 1890

1   1   1   2

Friedrich
* 1794   † 1863
⚭ 1817 Luise von
Anhalt-Bernburg

Karl Georg
* 1795   † 1798

Friederike
* 1796   † 1850
1818 Leopold IV., Herzog
von Anhalt-Dessau

Caroline
* 1799   † 1799

*
⚭ 1
Kins

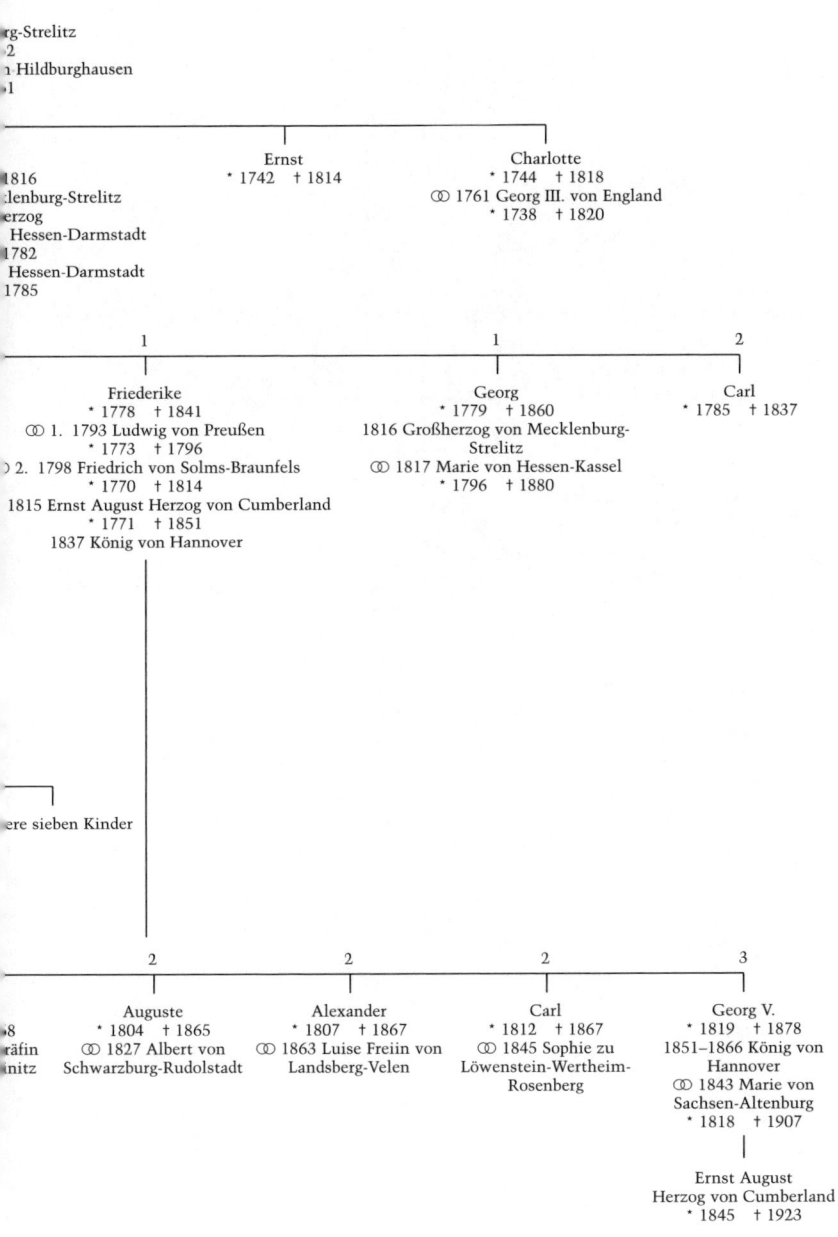

e von Mecklenburg-Strelitz

rg-Strelitz
2
n Hildburghausen
1

	Ernst	Charlotte
816	* 1742 † 1814	* 1744 † 1818
lenburg-Strelitz		∞ 1761 Georg III. von England
erzog		* 1738 † 1820
Hessen-Darmstadt		
782		
Hessen-Darmstadt		
1785		

1 **1** **2**

Friederike
* 1778 † 1841
∞ 1. 1793 Ludwig von Preußen
* 1773 † 1796
∞ 2. 1798 Friedrich von Solms-Braunfels
* 1770 † 1814
1815 Ernst August Herzog von Cumberland
* 1771 † 1851
1837 König von Hannover

Georg
* 1779 † 1860
1816 Großherzog von Mecklenburg-
Strelitz
∞ 1817 Marie von Hessen-Kassel
* 1796 † 1880

Carl
* 1785 † 1837

ere sieben Kinder

2 **2** **2** **3**

Auguste	Alexander	Carl	Georg V.
8	* 1804 † 1865	* 1807 † 1867	* 1812 † 1867
räfin	∞ 1827 Albert von	∞ 1863 Luise Freiin von	∞ 1845 Sophie zu
nitz	Schwarzburg-Rudolstadt	Landsberg-Velen	Löwenstein-Wertheim-

Georg V.
* 1819 † 1878
1851–1866 König von
Hannover
∞ 1843 Marie von
Sachsen-Altenburg
* 1818 † 1907

Carl
* 1812 † 1867
∞ 1845 Sophie zu
Löwenstein-Wertheim-
Rosenberg

Ernst August
Herzog von Cumberland
* 1845 † 1923

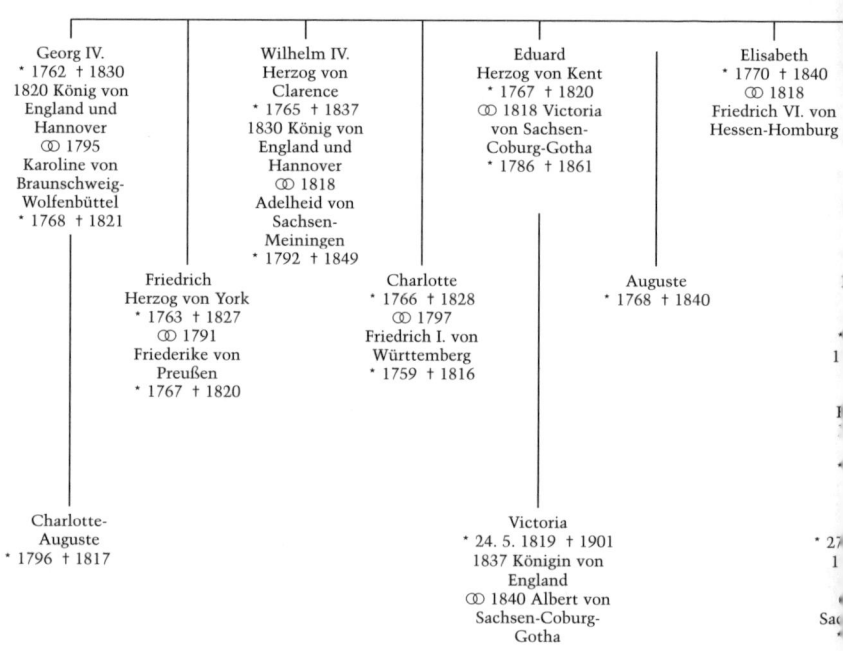

Friedrich L
*
⊙ 1736 Augusta
*

Auguste Friederike
* 1737 † 1813
⊙ Karl II. von Braunschweig-Wolfenbüttel
* 1735 † 1806

1760 König von Eng
1814 K
⊙ 1761 Sophie Cha
*

Georg IV.
* 1762 † 1830
1820 König von
England und
Hannover
⊙ 1795
Karoline von
Braunschweig-
Wolfenbüttel
* 1768 † 1821

Wilhelm IV.
Herzog von
Clarence
* 1765 † 1837
1830 König von
England und
Hannover
⊙ 1818
Adelheid von
Sachsen-
Meiningen
* 1792 † 1849

Eduard
Herzog von Kent
* 1767 † 1820
⊙ 1818 Victoria
von Sachsen-
Coburg-Gotha
* 1786 † 1861

Elisabeth
* 1770 † 1840
⊙ 1818
Friedrich VI. von
Hessen-Homburg

Friedrich
Herzog von York
* 1763 † 1827
⊙ 1791
Friederike von
Preußen
* 1767 † 1820

Charlotte
* 1766 † 1828
⊙ 1797
Friedrich I. von
Württemberg
* 1759 † 1816

Auguste
* 1768 † 1840

Charlotte-
Auguste
* 1796 † 1817

Victoria
* 24. 5. 1819 † 1901
1837 Königin von
England
⊙ 1840 Albert von
Sachsen-Coburg-
Gotha

* 27
1

Sac

August von Hannover

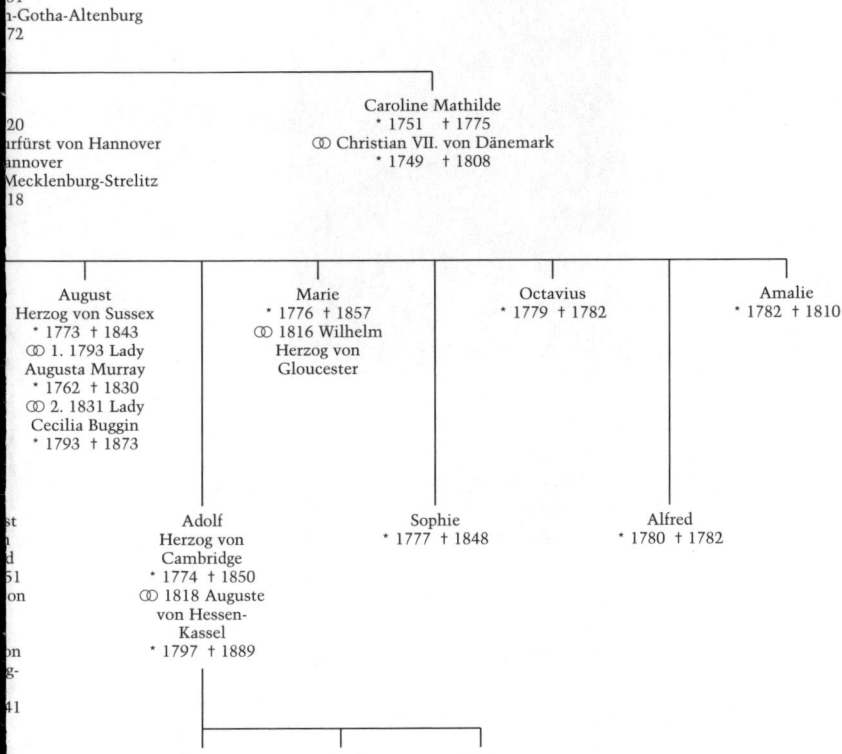

z von Wales
51
n-Gotha-Altenburg
72

20
urfürst von Hannover
annover
Mecklenburg-Strelitz
18

Caroline Mathilde
* 1751   † 1775
∞ Christian VII. von Dänemark
* 1749   † 1808

August
Herzog von Sussex
* 1773 † 1843
∞ 1. 1793 Lady
Augusta Murray
* 1762 † 1830
∞ 2. 1831 Lady
Cecilia Buggin
* 1793 † 1873

Marie
* 1776 † 1857
∞ 1816 Wilhelm
Herzog von
Gloucester

Octavius
* 1779 † 1782

Amalie
* 1782 † 1810

st
n
d
51
on

on
g-

41

1878
on

n
burg
07

Adolf
Herzog von
Cambridge
* 1774 † 1850
∞ 1818 Auguste
von Hessen-
Kassel
* 1797 † 1889

Sophie
* 1777 † 1848

Alfred
* 1780 † 1782

Georg.
Herzog von
Cambridge
* 1819 † 1904

Auguste
* 1822 † 1916

Marie
* 1833 † 1897

So groß und schön wie Apoll soll Louis Ferdinand gewesen sein, ein Liebling der Frauen und ein vergöttertes Vorbild für seine Soldaten. Die Kehrseite der Medaille sah jedoch anders aus: Aufgewachsen ohne elterliche Liebe, geplagt von Schulden, vom König in die Provinz abgeschoben und ohne dauerhafte Beziehung.

Eine wirklich gelungene historische Biografie.
Zeitschrift für Heereskunde

Uwe A. Oster
Der preußische Apoll
Prinz Louis Ferdinand
von Preußen 1772–1806
304 Seiten, 23 Abbildungen
Geb. mit SU
ISBN 3-7917-1828-2

Verlag Friedrich Pustet
D-93008 Regensburg